Inovação Tecnológica
Como garantir a modernidade do negócio

OUTROS TÍTULOS DA SÉRIE

Criatividade e Inovação – Como adaptar-se às mudanças
Lygia Carvalho Rocha

Consumidor – Como elaborar o seu perfil
Lygia Carvalho Rocha

Gestão de Projetos – Como estruturar logicamente as ações futuras
Guilherme Pereira Lima

Técnicas de Reunião – Como promover encontros produtivos
Leonardo Ribeiro Fuerth

Negociação – Como estabelecer diálogos convincentes
Jorge Dalledonne

Visão Totalizante – Como promover leituras estratégicas do ambiente
Jorge Dalledonne

Relacionamento Interpessoal – Como preservar o sujeito coletivo
Maria do Carmo Nacif de Carvalho

Processos com Resultados – A busca da melhoria continuada
Antonio Carlos Orofino

Faces da Decisão – Abordagem sistêmica do processo decisório
Maria José Lara de Bretas Pereira e João Gabriel Marques Fonseca

Série Gestão Estratégica

Inovação Tecnológica
Como garantir a modernidade do negócio

RONALD CARRETEIRO
Engenheiro
Professor Universitário
Membro do Conselho de Tecnologia da Firjan

O autor e a editora empenharam-se para citar adequadamente e dar o devido crédito a todos os detentores dos direitos autorais de qualquer material utilizado neste livro, dispondo-se a possíveis acertos caso, inadvertidamente, a identificação de algum deles tenha sido omitida.

Não é responsabilidade da editora nem do autor eventuais danos ou perdas a pessoas ou bens que tenham origem no uso desta publicação.

Direitos exclusivos para a língua portuguesa
Copyright © 2009 by
LTC — Livros Técnicos e Científicos Editora S.A.
Uma editora integrante do GEN | Grupo Editorial Nacional

Reservados todos os direitos. É proibida a duplicação ou reprodução deste volume, no todo ou em parte, sob quaisquer formas ou por quaisquer meios (eletrônico, mecânico, gravação, fotocópia, distribuição na internet ou outros), sem permissão expressa da Editora.

Travessa do Ouvidor, 11
Rio de Janeiro, RJ — CEP 20040-040
Tel.: 21-3970-9480
Fax: 21-2221-3202
ltc@grupogen.com.br
www.ltceditora.com.br

Editoração Eletrônica: ANTHARES

CIP-BRASIL. CATALOGAÇÃO-NA-FONTE
SINDICATO NACIONAL DOS EDITORES DE LIVROS, RJ.

C311i

Carreteiro, Ronald P. (Ronald Pinto), 1943-
Inovação tecnológica : como garantir a modernidade do negócio / Ronald Carreteiro. - Rio de Janeiro : LTC, 2009.
(Gestão estratégica)

Inclui bibliografia
ISBN 978-85-216-1672-6

1. Administração de empresas - Inovações tecnológicas. 2. Inovações tecnológicas. 3. Desenvolvimento organizacional. I. Título. II. Série.

08-5174.	CDD: 658.4063
	CDU: 658.011.4

Série Gestão Estratégica

● APRESENTAÇÃO ●

Quando idealizamos o desenvolvimento da **Série Gestão Estratégica**, estávamos movidos por um conjunto de constatações extraídas da realidade brasileira, suficientemente consistentes para evidenciar a existência de lacuna no desenvolvimento de novos gestores.

Já há muitos anos militamos junto ao mundo acadêmico e ao sistema produtivo.

Nossas observações foram objeto de registros nos livros que escrevemos, nos artigos veiculados em mídias diversas, nas palestras, congressos e seminários, assim como nas salas de aulas, quando ministrando cursos.

Ratificamos nossas percepções junto aos muitos profissionais que nos cercam e que durante todo o tempo de existência da revista *DECIDIR*, detentora do Prêmio Belmiro Siqueira, veicularam suas idéias nos muitos artigos publicados.

Um pensamento comum conduziu para a articulação lógica de um conjunto de competências que, além de indispensáveis ao desenvolvimento do gestor, garante-lhe um exercício profissional envolvido na necessária fundamentação.

Em cada um dos dez títulos da série existe uma história de vida, rica o suficiente para a construção de uma orientação permeada pela vivência de quem propõe.

Merecer a confiança da LTC representou para todos os envolvidos um coroamento para os bons momentos de dedicação na elaboração dos textos.

Nossa esperança reside na construção de novos profissionais de gestão, comprometidos em agregar, a cada momento profissional, práticas comprovadamente bem-sucedidas.

Conscientes que muitos são os passos da caminhada de um gestor, guardamos a esperança de que a **Série Gestão Estratégica** ofereça confiança para iniciar a trajetória.

Eraldo Montenegro
Coordenador

NOTA DO AUTOR

Escrevi este livro com foco nos pequenos e médios empresários brasileiros e estudantes da área de negócios que buscavam uma visão concisa, porém profunda, de como as empresas usam as tecnologias para atingir os objetivos corporativos.

A premissa da obra é que todos os estudantes da área de negócios e empresas brasileiras – independentemente do porte – precisam de conhecimentos básicos sobre como introduzir a inovação e o uso de tecnologias em seu ambiente de trabalho, de forma sistêmica e permanente, como fatores de sobrevivência e continuidade.

A razão é simples: inovação e marketing são as principais ferramentas disponíveis para que gestores atinjam metas corporativas, ampliem a excelência operacional, promovam o desenvolvimento de novos produtos e serviços, melhorem a tomada de decisão e determinem uma vantagem competitiva no mercado de hipercompetição.

A Nova Realidade para os Negócios

O fluxo contínuo de inovações, combinado com novas práticas empresariais e decisões gerenciais, está transformando a maneira como se fazem os negócios e a forma como os lucros e a lucratividade são obtidos como receitas.

Não é difícil observar que diversos negócios antigos, e até setores inteiros, estão sendo eliminados, enquanto novos negócios se desenvolvem através de produtos e serviços que atendam às necessidades de clientes.

O que Você Realmente Precisa Saber sobre Inovação?

Um dos desafios na elaboração deste livro foi descobrir o que um pequeno e médio empresário precisa conhecer sobre inovação.

Tomei a decisão de que os objetivos mais importantes a serem observados pelos gestores seriam os seguintes:

- Alinhamento entre a missão e os valores da Organização
- Excelência operacional
- Novos produtos e serviços
- Relacionamento com clientes e fornecedores. A prática de servir
- Inoculação da inovação na gestão corporativa
- Vantagem competitiva

- Estratégia clara e transparente
- Capacitação continuada

Resolução de Problemas

A obtenção desses objetivos apresenta enormes desafios para qualquer empresa. É meu propósito que os empresários e estudantes compreendam essa perspectiva de resolução de problemas organizacionais e de pensamento estratégico, pois isso será um ativo importante ao identificar novas oportunidades.

As empresas querem empregados empreendedores, solucionadores de problemas.

Conteúdo Compactado e Acessível

Compactei o conteúdo em capítulos para tornar o livro mais acessível e de fácil compreensão.

Novas Habilidades Profissionais

O livro traz uma discussão sobre as habilidades exigidas pela inovação, necessárias para praticamente todos os profissionais da empresa: contabilidade, finanças, administração, qualidade, manutenção, marketing, operações, confiabilidade, SMS e sistemas de informação.

O texto descreve os mecanismos de gestão da inovação, de forma didática, com um único objetivo, qual seja o de alcançar os gestores da pequena e média empresa e fortalecer os conceitos dos gestores de grandes empresas.

PREFÁCIO

Este livro do Prof. Ronald Carreteiro trata de tema central ao desenvolvimento brasileiro, principalmente em meio a essa crise global – *inovação*.

Lendo o livro, e refletindo sobre a estratégia de desenvolvimento a ser adotada pelo País, gostaria de salientar três pontos.

Primeiro, *a inovação é a nova estratégia da empresa* – concepção atual, coisa completamente diversa de estratégia de inovação, que a maioria das empresas tem (entre outras estratégias). A Inovação passa a ser um objetivo em si mesmo, a força criadora que faz a empresa funcionar.

Claro, estamos falando de inovação em sentido amplo – qualquer novo tipo de estratégia empresarial, seja do ponto de vista estritamente tecnológico, seja o lançamento de novo produto ou processo, ou uma nova estratégia de *marketing* ou de *management*.

Mas agora a empresa existe para inovar. Isso perpassa todas as suas funções e estratégias. E, conseqüentemente, vai ser a sua *competitive edge* (vantagem competitiva).

Tal concepção, lançada em 2002 (por Armand De Meyer, Soumittri Dutta e Sandeep Srivahtava), parte da análise do que tem acontecido no campo das novas tecnologias para concluir: "A partir de agora, a inovação vai ser um imperativo para a sobrevivência, e não apenas para o crescimento. A inovação vai ser rotina, e a quantidade da inovação não irá contar menos que a qualidade".

Os autores dão ênfase à real natureza da inovação e à sua ligação com o conhecimento: "Embora a inovação às vezes seja o resultado de *serendipity* (acidentalidade, casualidade), na maioria dos casos ela é o resultado de um *foco sistemático na acumulação, na melhoria e na aplicação do conhecimento* (grifo nosso). O conhecimento se situa na raiz da inovação, e a inovação cria conhecimento novo. Em realidade, existe uma forte relação de sinergia entre conhecimento e inovação".

A conclusão: "Inovação é todo o negócio da empresa. Inovação é responsabilidade de todo mundo. Inovação é a estratégia. Inovação como estratégia é o novo motor da firma". E a sua identidade. E a idéia matriz para repensá-la e reconfigurá-la em bases mais competitivas.

x   Prefácio

O segundo ponto é que, no Brasil, há um calcanhar-de-aquiles na área de inovação: a chamada hélice tripla não está funcionando. Temos os componentes do sistema de inovação, mas não temos um sistema de inovação.

Analisando o problema no XIX Fórum Nacional (2007), Marcus Cavalcanti e André Pereira Neto discutem o que há de errado, no Brasil, em matéria de inovação, ante o fato de que, na edição do *Global Information Technology* do Fórum Econômico Mundial relativo a 2007, havíamos caído para o 49.º lugar. Acontece que na edição deste ano (2008) o País desceu mais, para o 59.º lugar.[1]

Passando às dúvidas e mitos sobre inovação, no País, os autores indagam: Investimos pouco em Ciência e Tecnologia (C&T)? Segundo o PINTEC do IBGE, ano 2000, na última década o Brasil manteve uma média de investimento em C&T de cerca de 1% do PIB. Não é pouco. E se for considerado o investimento por pesquisador em tempo integral, o Brasil está no mesmo nível dos EUA e em nível superior ao de países como Japão, Reino Unido, Canadá.

Qual é o resultado desse investimento? Em termos de publicação de artigos em revistas indexadas internacionais, o Brasil tem publicado 1,5% do total, no mundo. Já em termos de patentes, o País (em 2004) registrou 1/3 das patentes registradas pelos indianos e 1/6 dos chineses.

E por que isso? Porque a grande maioria dos nossos pesquisadores em tempo integral trabalha em instituições públicas de ensino superior (e um pequeno número em centros de pesquisa vinculados a ministérios). Então, os investimentos são feitos para atender às demandas individuais desses pesquisadores, sem nada a ver com as demandas da sociedade e o desenvolvimento econômico e social do País, a despeito dos esforços realizados pelo Ministério da Ciência e Tecnologia.

Diante desse quadro, em que o Brasil aplica cerca de 1% do PIB para que os pesquisadores publiquem artigos em revistas internacionais, surge a outra explicação: "A inovação acontece na empresa".

Não é bem assim.

A Internet, a telefonia celular e o *software* livre são Inovações que causaram enorme impacto econômico e social do começo dos anos 1990 para cá, e que se originaram nas universidades e em centros de pesquisa.

Então, onde ficamos?

---

[1]Ver JB, 10.4.08, pág. A24: "Brasil perde posição em Tecnologia".

A verdade "é que o processo de Inovação não é linear", "as formas de relacionamento entre pesquisa e atividade econômica são múltiplas". "Além disso, o sentido do desenvolvimento não é, necessariamente, da pesquisa básica para a tecnologia". "A *relação entre pesquisa e tecnologia, portanto, se estabelece em sentido de mão dupla*" (grifo nosso).

E a solução: "A idéia de que a inovação acontece em um único local (ou mesmo de forma privilegiada), na empresa, não nos parece verdadeira. O que os fatos demonstram é que *o estímulo à formação de redes entre empresas, pesquisadores e centros de pesquisa é que promove a espiral da inovação*" (grifo nosso).

Por isso, temos de ter uma estratégia para o desenvolvimento integrado de ciência e tecnologia. Estratégia que defina prioridades, reconheça os campos em que somos fracos (e talvez continuemos a sê-lo) e estimule aqueles em que somos fortes, agora ou potencialmente.

Por fim, devemos entender a mensagem que a IBM,[2] por exemplo, tem procurado transmitir: *a inovação pode ser levada a todos os campos*, para ajudar "organizações a repensar o modo como o mundo funciona. De redes inteligentes de suprimento de energia e despoluição avançada de água a vacinas do futuro e centros de dados ecologicamente corretos", a "praticamente todas as Indústrias".

Sem esquecer o que Edmund Phelps, Prêmio Nobel de Economia de 2006, declarou recentemente,[3] quando lhe perguntaram qual deveria ser a prioridade número 1 do Brasil para crescer: "Inovação, justamente. Quanto mais inovação, melhor. A inovação aumenta o nível de investimento, produz emprego, estimula a *criatividade*".

Em terceiro lugar, a inovação, como já sugerido, atualmente se beneficia da *economia do conhecimento*.

Que é isso?

A grande força econômica de nossa época é a *revolução do conhecimento* (e da informação), transformando a economia e a sociedade, nos países desenvolvidos.

Existem, principalmente, três grandes impulsos por trás dessa revolução.

---

[2]Ver as matérias de vários jornais, em 17.4.08, sob o título "IBM — Pare de falar e comece a fazer".

[3]Ver "páginas amarelas" da VEJA, edição de 30.4.2008. O Prof. Phelps estava se preparando para falar na sessão de abertura do XX Fórum Nacional.

Em primeiro lugar, o efeito das tecnologias genéricas: as tecnologias da informação e das comunicações (TICs) e a biotecnologia (permitindo o uso de novas formas de vida, em nível molecular), com seu efeito de recondicionar todos os setores econômicos e sociais. Em verdade, o que está acontecendo é o maior uso do conhecimento, em geral, para fins de desenvolvimento. Conhecimento em todos os sentidos – educação, treinamento de recursos humanos (aprendizado, em geral), ciência/tecnologia (tecnologias genéricas, tecnologias específicas do setor, engenharia de produto e processo), informação, *design*, *marketing*, métodos modernos de gestão, marca, logística.

Em segundo lugar, a redução constante e drástica dos custos de transportes e comunicações e, em geral, do custo das transações, numa velocidade nunca vista.[4] Em terceiro, o avanço do capital humano, decorrente das maiores exigências de qualificação da mão-de-obra e do efeito das TICs (informática-eletrônica, comunicações e Internet).

Essa força dinâmica e transformadora – a *revolução do conhecimento* – é muito mais poderosa que todas as revoluções industriais havidas anteriormente. Em seu livro *As time goes by*[5] – *From the Industrial Revolutions to the Information Revolution*, Chris Freeman e Francisco Louçã fazem um balanço das "sucessivas revoluções industriais": a revolução industrial britânica (era dos têxteis, ferro e energia hidráulica); a era das estradas de ferro, energia a vapor e mecanização; a era do aço, maquinaria pesada e eletrificação; Grande Depressão e era do petróleo, automóvel e produção em massa; emergência de um novo paradigma técnico-econômico; era das tecnologias da informação e comunicações (TICs).

E assim se chegou ao novo modelo de desenvolvimento – a *economia do conhecimento*, já predominante nos países desenvolvidos (e, com grande destaque, na Coréia). Neles, segundo os estudos da OECD, as atividades ligadas à geração, ao uso e à difusão do conhecimento já correspondem a mais de 50% do PIB.

---

[4]Por trás dessas reduções de custos está principalmente o efeito da Lei de Moore, que, ao completar 40 anos, está com a seguinte formulação: a capacidade de processamento de um *chip* dobra a cada 18 a 24 meses.

[5]Evidentemente, o título do livro é uma referência à música de "Casablanca" (dirigido por Michael Curtiz, e gloriosamente protagonizado por Ingrid Bergman e Humphrey Bogart) (1942). Essa música motivou o título do filme de Woody Allen (*Play it again, Sam*).

Com isso, passou a colocar-se um novo elemento do desafio da China e da Índia, pelo fato de que esses grandes emergentes já estão executando o seu programa de transição para a economia do conhecimento: o da China teve início em novembro de 2001, e o da Índia, em novembro de 2004. Os pilares do programa da China são: *upgrading* da Educação; construindo a infra-estrutura da informação; fortalecendo o sistema de R&D; procurando absorver mais o conhecimento global (pela maior inserção internacional). Pilares do programa da Índia: fortalecendo o regime econômico e institucional; *upgrading* da mão-de-obra educada e qualificada (para absorver os novos *skills*); criando um eficiente sistema de inovação; construindo uma dinâmica infra-estrutura de informação.

Dessa forma, vemos que há três desafios interligados: estamos tentando chegar ao crescimento sustentado, e a resposta ao desafio da China e da Índia implica não apenas que alcancemos esse objetivo, mas também que, de um lado, tentemos chegar ao *alto crescimento*, numa fase posterior, e, de outro, avançar no sentido do novo *modelo de desenvolvimento*. Ou seja, a economia do conhecimento – modelo que temos de procurar dominar, sob pena não apenas de ficarmos para trás em relação aos dois parceiros e concorrentes, mas igualmente de ficarmos fora do mundo em que o desenvolvimento se estará movimentando.

Falemos das duas dimensões da *economia do conhecimento*.

Em primeiro lugar, a *dimensão econômica*: levar o conhecimento a todos os setores da economia (e não apenas desenvolver os setores de altas tecnologias). Explicitando: agricultura (agronegócio, agricultura familiar); *indústrias de novas tecnologias* (como as TICs, a biotecnologia, os novos materiais); "indústrias dinâmicas" do antigo modelo (bens de capital, insumos industriais básicos, geralmente intensivos em recursos naturais), indústrias tradicionais, serviços modernos (educação, saúde – saneamento, lazer, cultura, turismo ecológico e cultural, b-2-b, consultoria tecnológica), infra-estrutura (energia elétrica, petróleo-gás, transportes, comunicações, logística).

A idéia básica é tornar os diferentes setores intensivos em ciência/tecnologia e, em geral, em conhecimento.

Uma das implicações desse esforço é que inúmeras *commodities* agrícolas e industriais se tornam produtos diferenciados.

Como exemplos, podemos lembrar, na agricultura:

• Cafés *gourmet* já exportados pelo Brasil: cafés finos, tão bons quanto os melhores cafés colombianos;

- Possibilidade de virmos a ter, em breve, café sem cafeína: já foram identificadas espécies de cafeeiro que produzem café naturalmente isento de cafeína;
- No Vale dos Vinhedos, próximo a Bento Gonçalves (Rio Grande do Sul), já se faz uso de foguetes para desviar nuvens, com o objetivo de evitar chuvas na época da colheita.
- Ônibus produzidos sob medida por empresas brasileiras, atendendo às condições específicas de certos países.
- Prêmios de *design* recebidos por móveis brasileiros, por exemplo, na Alemanha.

O significado básico dessa dimensão da economia do conhecimento é a possibilidade de uma completa mudança no quadro de nossas vantagens comparativas (especializações), atuais e potenciais. Para melhor, claro, em termos de competitividade e criação de valor adicionado.

A segunda é uma *dimensão econômico-social*: levar o conhecimento a todos os segmentos da sociedade, inclusive os de renda baixa.

Tal dimensão resulta de uma necessidade econômica: o mundo da economia do conhecimento é muito mais exigente em termos de qualificação dos recursos humanos. Usar intensamente o conhecimento para fins de desenvolvimento depende de maior densidade do capital humano.

Por outro lado, há uma óbvia necessidade social: se os segmentos de renda baixa recebem mais conhecimento, passam a participar dos resultados de um crescimento mais rápido; se isso não acontece, vamos criar dois novos tipos de exclusão – a *exclusão digital* e o *hiato de conhecimento*.

Daí a importância da universalização da informática, das comunicações, da energia elétrica, por exemplo. Isso significa a necessidade de ter programas nacionais de viabilização dessas universalizações.

Em suma, é a *economia do conhecimento* como oportunidade e risco, consoante a citação de Dickens sobre o significado das revoluções. E a ênfase deve ser colocada na conjugação das duas dimensões, para revelar a riqueza econômica e social da economia do conhecimento.

Implicação essencial dessa conjugação é o fato de que a produtividade total dos fatores (TFP) – crescimento do PIB que não decorre do simples aumento quantitativo de fatores de produção, como mão-de-obra, capital, recursos naturais – se transforma em variável-chave do desenvolvimento.

Assim, para elevar a taxa de crescimento da economia deve-se não apenas aumentar a taxa de investimento (relação investimento/PIB), mas também acionar a TFP. A idéia é que, ao lado do crescimento da quantidade de fatores de produção, haja simultaneamente a sua melhoria qualitativa e a expansão do conteúdo de inovação da economia. Cabe, a propósito, lembrar a riqueza da TFP em tecnologia e conhecimento, juntamente com a melhoria do ambiente econômico-institucional.

Existe, inclusive, a tendência de que os investimentos em "intangíveis" ricos em conhecimento – educação (capital humano, em geral), R&D, *software*, *design*, novos métodos de *management*, construção de *networks* (redes de interligações), *marketing* – se tornem mais importantes, na empresa, que os investimentos em equipamentos, máquinas, construção. Na verdade, trata-se de investimentos complementares, freqüentemente (exemplo: computadores e *software*), mas é crescente a importância dos intangíveis na criação de novos produtos e modelos, na melhoria do produto, na diferenciação do produto.

A indagação se coloca, em decorrência: Como acionar a TFP? Em duas palavras, de um lado injetar tecnologia e conhecimento (principalmente pelos intangíveis) nas empresas, através de um adequado equilíbrio entre inovação própria, inovação adaptativa e inovação adquirida (neste caso, recorrendo ao *pool* de inovação disponível no resto do mundo, através de IDE – investimento direto externo –, alianças estratégicas, compra de tecnologia, importação de equipamentos).

De outro, procurar tornar os fatores de produção, em geral, mais densos de conhecimento e mais elásticos (ou seja, dotados de *resiliense*, *à la* Hicks, suscetíveis de múltiplos usos).

Em suma, transformar a TFP em variável-chave significa fazer funcionar o poder das idéias no fortalecimento da competitividade internacional e na geração de desenvolvimento.

João Paulo dos Reis Velloso

● AGRADECIMENTOS ●

Este trabalho deve muito a algumas pessoas e instituições, por diferentes razões, às quais eu gostaria de agradecer de maneira muito especial:

Ao meu orientador, Eraldo Montenegro, por compartilhar comigo este tema de absoluta relevância no cenário brasileiro e mundial.

Ao Dr. Fernando Sandroni, um interlocutor disposto a oferecer estímulos e a percorrer novos caminhos, em seu trabalho competente e gigantesco na Coordenação do Comitê de Tecnologia da Firjan.

Ao Prof. Wladimir Pirró y Longo, por sua amizade e sabedoria. Pela alegria que nos proporciona nos almoços do Clube do Bacalhau, onde se reúne grande parte da intelectualidade da pesquisa e desenvolvimento deste País.

Aos Professores Roberto Sbragia, Jacques Marcovitch, Guilherme Ari Plonski, Henrique Rattner, Lourival do Carmo Mônaco, Lindolpho de Carvalho Dias, Eduardo Vasconcellos, Eva Stal, José Eduardo Cassiolato, Carlos Vogt, Virene Matesco, Luciano Coutinho, João Carlos Ferraz, David Kupfer, Lia Haguenauer e Carlos Henrique de Brito Cruz, por terem me despertado o interesse pelas questões de inovação e gestão da inovação, oferecidas em Seminários, Palestras, Artigos e Livros.

Ao Dr. João Paulo dos Reis Velloso, pela confiança depositada em meu trabalho.

Aos meus parceiros informantes do Comitê de Tecnologia da Firjan, que atualizaram de forma continuada o meu conhecimento sobre o assunto.

À minha família, Alexandre, Luciana, Carolina e Márcia Helena, por todo o apoio, carinho e amor, e agradecimento especial à minha mulher Márcia, por suportar de forma paciente o tempo que dediquei ao livro, nunca se furtando de sacrificar alguns de seus interesses pessoais para que eu pudesse me focar na leitura, na pesquisa e na elaboração desta obra. No entanto, é ela mesma a razão disso tudo.

Aos pequenos e médios empresários brasileiros e estudantes de diversas profissões, a todos agradeço.

Comentários e Sugestões

Apesar dos melhores esforços do coordenador, do autor, do editor e dos revisores, é inevitável que surjam erros no texto. Assim, são bem-vindas as comunicações de usuários sobre correções ou sugestões referentes ao conteúdo ou ao nível pedagógico que auxiliem o aprimoramento de edições futuras. Encorajamos os comentários dos leitores que podem ser encaminhados à LTC — Livros Técnicos e Científicos Editora S.A., editora integrante do GEN | Grupo Editorial Nacional, no endereço: Travessa do Ouvidor, 11 — Rio de Janeiro, RJ — CEP 20040-040 ou ao endereço eletrônico ltc@grupogen.com.br.

SUMÁRIO

CAPÍTULO 1 *Introdução* *1*

CAPÍTULO 2 *Inovação* *9*

2.1 Considerações preliminares 9
2.2 Identificação de oportunidades de inovação 18
2.3 Os avanços pela tecnologia 25
2.4 Os tipos de inovações 26

CAPÍTULO 3 *Sistema Nacional de Inovação* *29*

3.1 A ciência e a tecnologia 30
3.2 A universidade 33
3.3 O papel do setor produtivo 34
3.4 O papel do governo 34

CAPÍTULO 4 *Inovação Tecnológica* *37*

4.1 Conceitos básicos 37
4.2 A inovação e a competitividade 41
4.3 O papel do empreendedor e do empresário 44

CAPÍTULO 5 *Economia Empreendedora* *49*

CAPÍTULO 6 *Os Setores de Inovação para a Geração de Resultados* *53*

6.1 Introdução 53
6.2 A posição do Brasil no contexto dos países desenvolvidos 56
6.3 A evolução do SIN no Brasil 56

CAPÍTULO 7 *A Evolução do Sistema de Inovação Tecnológica no Brasil* *61*

7.1 Introdução 61
7.2 Caracterização dos ambientes de pesquisa básica e aplicada 63
7.3 Arcabouço de análise da defasagem tecnológica 66
7.4 A caracterização da defasagem tecnológica 72
7.5 Comparação por indicadores de competitividade 75
7.6 Comparação pela atividade científica 77
7.7 Competitividade analisada pelo modelo Porter 78

CAPÍTULO 8 *A Importância da Diferenciação* *81*

8.1 Fontes de diferenciação 81
8.2 Diferenciação e a cadeia de valores 82

8.3 Condutores da singularidade 82
8.4 O custo da diferenciação 83
8.5 As fontes de singularidade 83
8.6 O custo da diferenciação deve tornar-se uma vantagem competitiva 84

CAPÍTULO **9** *Como Estruturar as Funções P&D e Inovação na Governança Corporativa 85*

9.1 Introdução 85
9.2 Competências corporativas 86
9.3 Inovação e tecnologia na governança corporativa 87
9.4 O processo de gestão da inovação e tecnologia 90

CAPÍTULO **10** *Organizando a Inovação e a Tecnologia para Gerar Resultados 93*

CAPÍTULO **11** *A Ambiência Competitiva e o Ambiente Inovador 105*

11.1 As forças que estão moldando os ambientes de negócios 105
11.2 As realidades da empresa atual 111
11.3 O que é resultado? 113

CAPÍTULO **12** *A Organização Inovadora e a Economia Empreendedora 117*

12.1 A organização inovadora 117
12.2 A economia empreendedora 120
12.3 Características do empreendedor 121

CAPÍTULO **13** *A Dinâmica da Inovação 125*

13.1 O processo de inovação 125
13.2 O papel do governo como promotor do ambiente de inovações 126
13.3 Fatores determinantes da competitividade 127
13.4 A dinâmica da inovação 128

CAPÍTULO **14** *A Gestão da Inovação e da Tecnologia 133*

14.1 Introdução 133
14.2 A tecnologia da informação e comunicação na gestão empresarial 137
14.3 A interação da tecnologia com os negócios — As estratégias tecnológicas 137
14.4 A estratégia competitiva 139
14.5 Como se processa a gestão da tecnologia e da inovação na organização 142
14.6 As inovações organizacionais 143

CAPÍTULO **15** *Recursos para a Inovação e a Tecnologia 145*

Bibliografia 151

CAPÍTULO 1

Introdução

A **inovação** é um desafio de alta complexidade que as empresas estão sendo forçadas a enfrentar, com o objetivo de obter diferenciais competitivos e atender exigências dos consumidores, visando à sobrevivência sustentada do empreendimento.

É muito comum definir-se a inovação apenas para novos produtos e serviços, não se considerando, também, a pesquisa e o desenvolvimento. Gestão hoje é mais inovação que supervisão. A inovação deve ser estendida por toda a cadeia produtiva e por todo o ambiente organizacional, uma vez que a crescente necessidade de agilização de todos os processos, função das transformações, exigiu nas empresas pessoas trabalhando em equipes, na criação de soluções e benefícios para os clientes. Dessa forma, vivencia-se um ambiente externo de hipercompetitividade, com lançamentos contínuos de produtos inovadores, em sintonia com as necessidades dos consumidores.

Além de inovar, as empresas passaram a estabelecer uma nova relação com os fornecedores, empregados e acionistas, e com as comunidades próximas das suas unidades de negócios.

Dentro desse novo contexto, além de envolver toda a empresa, a inovação passou a influenciar a modelagem de negócios. Hoje, a inovação está fundamentada em uma mudança na forma de pensar e de agir, fazendo com que as empresas estejam abertas e atentas para descobrir novos procedimentos, processos, produtos ou serviços, novas embalagens, formas de atendimento ou de distribuição, ações de marketing, parcerias, assim como novos sistemas integradores de TIC – Tecnologias de Informação e Comunicação e tudo mais que possa representar ganhos de eficiência, redução de custos e atendimento de lacunas e necessidades dos clientes.

Para uma organização crescer e se manter ativa no mercado competitivo e se diferenciar dos concorrentes, faz-se por exigir a introdução, na estrutura de gestão, de um modelo tecnológico, que promova motivação e o comprometimento das pessoas em atuar, e que garanta ambientes organizacionais com mais flexibilidade e adaptados às novas realidades do mundo competitivo. Aquele ambiente monolítico de tecnologia foi alterado para uma arquitetura orientada para o serviço, para o atendimento, extraindo-se o máximo da infra-estrutura existente, permitindo-se ao executivo dizer ao sistema de inovação o que ele deseja, após ouvir o mercado e descobrir um novo nicho.

Essa nova forma de ver a tecnologia começa a revolucionar o mercado, abrindo espaço para as pessoas criarem novos negócios.

A tecnologia se utiliza dos princípios da matemática, da física e da mecânica para explicar a mecanização do trabalho e desenvolver produtos e processos. O grande desenvolvimento alcançado na indústria trouxe como conseqüência a divisão e a especialização da tecnologia em segmentos distintos. Tecnologia eletroeletrônica, tecnologia mecânica, tecnologia metalúrgica, tecnologia aeroespacial, tecnologia automotiva, tecnologia das telecomunicações, tecnologia siderúrgica, tecnologia do papel e celulose, tecnologia gráfica, tecnologia do petróleo, tecnologia da bioenergia, tecnologia gerencial, tecnologia socioambiental etc. são exemplos dessa segmentação.

Com os novos sistemas e conceitos de gestão dos negócios e arquiteturas voltadas para produtos e serviços, o executivo não precisa dominar a linguagem tecnológica, bastando caracterizar o que deseja, uma vez que o sistema se encarrega de executar e prover as soluções inovadoras. Portanto, ao executivo cabe pensar de forma estratégica e entender as necessidades dos clientes, levando sua equipe a atender ao desafio.

Na era da globalização, as fronteiras não mais existem, e as tecnologias impactam processos, produtos, serviços, pessoas e nações. Negócios nascem, prosperam e morrem todos os dias. Assim, a empresa só tem um caminho a seguir: ser diferente para ser competitiva.

Ter idéias e implantá-las não exige genialidade. Muitas vezes, idéias simples produzem forte impacto econômico. Por exemplo, o barão francês Bich adaptou uma patente do húngaro Lazlo Biro à caneta a que denominou BIC (sem o h). O Bradesco inovou colocando a mesa do gerente na frente das agências. A Gol utilizou-se de inovação para o atendimento e a redução de custos operacionais. O Habib's inovou ao vender pratos da culinária árabe a preços menores, atraindo clientes de baixo poder aquisitivo. A Casa & Vídeo, o Magazine Luiza e as Casas Bahia inovaram na forma de vender, oferecendo credito rápido e abertura de inúmeras lojas, com o objetivo de facilitar o acesso aos consumidores. A Apple criou o I-Pod, que proporcionou aos usuários de música uma experiência inovadora. A Dell revolucionou o negócio de computação com a venda direta aos clientes. A Microsoft alavanca suas vendas com o Windows Office e pacotes de serviços de Internet; a Starbucks, com sua forma inovadora de beber café, e o *site* Amazon, com as vendas *on line*, são comprovações de que as idéias surgem das pessoas, conforme os ambientes e as motivações.

O Brasil, nas duas últimas décadas, despertou para a importância da inovação, uma vez que somos o país do jeitinho, da flexibilidade, da criatividade, da adaptabilidade, e somos capazes de lidar com situações adversas. Porém, ainda não sabemos conectar tais habilidades no setor produtivo brasileiro para gerar negócios sustentados e estabelecer um novo patamar de riqueza para a nação.

A equação básica da inovação, como um aliado para a implementação, é:

> **Inovação = idéia/criatividade + implantação = geração de resultados**

E onde o Brasil está patinando? Já está evidenciado que a dificuldade brasileira está na implantação da inovação para a geração de resultados. E onde isso acontece? No binômio "empreendedor × pesquisador",

4   Capítulo Um

no ambiente da pesquisa aplicada e na gestão da inovação pelo setor produtivo. Pode-se constatar essa deficiência brasileira quando se analisa a geração de patentes × produção científica, ou mesmo quando se compara a geração de patentes no Brasil com a de países desenvolvidos ou em desenvolvimento.

Quantitativamente, a produção tecnológica de um país é medida e comparada pelo número de patentes concedidas pelo escritório de patentes norte-americano (United States Patent and Trademark Office – USPTO). Nos últimos cinco anos, a Índia depositou quatro vezes mais patentes que o Brasil.

As transformações das economias estão mudando as práticas gerenciais convencionais, adotadas desde a Revolução Industrial. Esse conceito culminou com o desenvolvimento de um novo modelo de crescimento das economias globalizadas, integrando o social, o técnico e o ambiental, resultando na governança corporativa sustentável, abordagem que possibilita a geração de valor para produtos e serviços da organização, através da sustentabilidade do negócio, pela adoção de princípios, valores, missão e práticas que otimizam o desempenho dos processos industriais e da marca corporativa. A governança corporativa é o sistema pelo qual as organizações são dirigidas com foco no relacionamento entre acionistas, cotistas, membros do conselho de administração, diretores, membros do conselho fiscal, com as auditorias internas e externas, funcionários e a sociedade, através de práticas de gestão transparentes, que têm a finalidade de contribuir para a sua perenidade.

A governança corporativa sustentável é o conjunto de mecanismos em que se fundamenta a organização, de forma a dar transparência aos acionistas e ao mercado sobre os atos e fatos praticados pelos gestores, mediante um suporte de sistemas de negócios inovadores e diferenciadores, com credibilidade oriunda do desempenho socioambiental, da inovação e tecnologia e de boas práticas operacionais e de gestão, com ênfase em vantagens competitivas.

Michael Porter, em seu livro *Vantagem competitiva das nações*, define "a necessidade de uma nova teoria sobre a diferenciação competitiva, focando a inovação, o aperfeiçoamento de métodos produtivos e a tecnologia como seus elementos basilares".

Outro aspecto que aponta a carência de inovações na indústria brasileira são os dados de desempenho tecnológico sobre os produtos manufaturados exportados pelo Brasil. É importante conhecer a composição tecnológica dessas exportações, através da seguinte classificação:

a. produtos intensivos em recursos (alumínio, couro, papel e celulose, refino de petróleo);
b. produtos intensivos em trabalho (vestuário, móveis, construção civil, calçados, brinquedos);
c. produtos intensivos em escala industrial (ferro e aço, automóveis, caminhões, plásticos, produtos químicos);
d. produtos diferenciados (máquinas, implementos agrícolas, motores e turbinas, equipamentos de geração de energia eólica, solar, biodiesel e nuclear);
e. produtos de intensidade tecnológica (eletrônicos, computadores, softwares, aeronaves, equipamentos de medição, biotecnologia, nanotecnologia, fármacos).

Os produtos intensivos em trabalho, via de regra, têm baixas exigências técnicas. Os produtos do grupo intensivo em escala industrial utilizam tecnologias complexas e exigem recursos financeiros elevados. Os produtos diferenciados exigem engenharia básica, projetos e desenhos, pesquisas e habilidades industriais, e os produtos de intensidade tecnológica se utilizam de tecnologias de ponta, no limiar da fronteira do conhecimento. Os produtos oriundos de recursos naturais já não se constituem em vantagem competitiva.

No Brasil as exportações se caracterizam ainda majoritariamente por produtos primários (ferro, açúcar, frango, minério, soja em grãos, café), com exceções como a gasolina, aviões e álcool.

A idéia da elaboração deste livro iniciou-se na nossa participação nos intensos debates e discussões sobre políticas de inovação tecnológica no Comitê de Tecnologia da Firjan – Federação das Indústrias do Estado do Rio de Janeiro, nos últimos 14 anos, sobre a importância da tecnologia e da inovação e as contribuições aos incentivos fiscais à inovação tecnológica, que evoluíram com a minha experiência de gestão em empresas nacionais e multinacionais, bem como a presença em diversos fóruns sobre temas estruturais relacionados com a indústria brasileira.

6   Capítulo Um

Um dos mais urgentes desafios que o Brasil terá que enfrentar nessas duas décadas do início do século XXI é promover o aumento e a eficiência dos investimentos em P&D e inovação.

O Brasil está no limiar de um choque de inovação e tecnologia na gestão empresarial, e este livro tem o propósito de promover a motivação e a informação básica de forma prática e simples para o pequeno, médio e grande empreendedores brasileiros, pensando as decisões no sentido de adotar soluções para que a inovação e a tecnologia sejam introduzidas na gestão do negócio e de forma contínua, a fim de que se possam gerar lucros sustentados e perenes. A grande maioria das empresas concentra-se na funcionalidade dos produtos que comercializa, sem se preocupar em identificar e satisfazer demandas ou interesses específicos dos consumidores.

O avanço tecnológico é a principal força motriz dos países desenvolvidos e industrializados no aumento da produtividade e ganhos financeiros de suas organizações. Países como Coréia do Sul, Taiwan, Cingapura, China e Índia transformaram-se em economias influentes e modernas, com um conjunto impressionante de complexos industriais, fabricando produtos de ponta e competindo com países tradicionalmente avançados e desenvolvidos. E como isso foi conseguido? A resposta está na educação, no domínio de novas tecnologias e no aprendizado tecnológico, em paralelo ao desenvolvimento de um espírito empreendedor e competente na administração de riscos e incertezas.

A inovação não introduz uma reestruturação empresarial profunda, mas o que ela exige é a construção de processos de gestão capazes de transformar idéias em produtos e/ou serviços inovadores. O desafio está em selecionar as idéias e conseguir implementá-las para a geração de resultados. Portanto, é função da administração compatibilizar as oportunidades com as capacidades da organização.

A estratégia é ampliar os limites do mercado, considerando produtos e serviços o ponto de partida para solucionar problemas e necessidades dos clientes, adotando-se uma visão de longo prazo, identificando-se oportunidades pelo aproveitamento de ativos e talentos, para satisfazer a inovação de demanda.

Para inovar não basta a criatividade. A idéia é o ponto de partida.

A chave para o sucesso deve abrir três portas: "pensar e ousar o novo, estimular o espírito inovador e formar um excelente time", afirmou Jurgen Struber, presidente do conselho da Basf AG.

Por meio de um choque de inovação e desenvolvimento tecnológico, o Brasil caminhará fortemente na direção de ser uma nação que desempenhará um papel de liderança no cenário competitivo internacional.

CAPÍTULO 2

Inovação

2.1 CONSIDERAÇÕES PRELIMINARES

Experimenta-se uma era de mudanças tecnológicas rápidas, em escala global. Empresas baseadas em alta tecnologia tendem a expandir seus mercados. Por essa razão, os gestores de empresas necessitam se familiarizar com as forças que impulsionam as transformações tecnológicas nos mercados internacionalizados e nas economias contemporâneas.

Nas décadas de 1960 e 1970, registraram-se intenso avanço e expansão de novas tecnologias e a maturação de outras, forçando governos, pessoas, empresas e nações à introdução de novos padrões de comportamento.

Na década de 1980, com a formação de consórcios de pesquisa e o desenvolvimento de tecnologias emergentes, surgiram novas indústrias e novas oportunidades de mercado. Essas mudanças nos processos de produção e na administração das empresas trouxeram como conseqüência para as sociedades a necessidade da requalificação do trabalhador e a revisão dos currículos de formação profissional nas escolas e nas universidades, praticamente em todo o mundo.

Na década de 1990 observou-se a intensidade do processo de inovação tecnológica. Bens de consumo, comunicações pessoais e lazer foram afetados pela fusão de novas tecnologias. Novas empresas, novos mercados, e em que pesem os riscos elevados, a tecnologia vem oferecendo a oportunidade de grandes lucros para empresas que conseguem ocupar posições estratégicas e são proprietárias das tecnologias inovadoras.

Nas organizações, as pessoas se utilizam de tecnologia há muito tempo. Entretanto, utilizar a tecnologia como fator de produção e introduzi-la na gestão empresarial é recente e, portanto, precisa ser dominado e gerenciado. O papel estratégico da tecnologia tende a afetar um número cada vez maior de atividades e desestabilizar indústrias tradicionais.

A definição mais simples de inovação é a capacidade de transformar idéias em produtos ou serviços. A inovação faz parte das estratégias empresariais, pela geração de valor, com foco na produtividade, no atendimento das necessidades dos consumidores e na redução de custos.

Segundo o Fórum de Inovação da FGV-SP, a inovação pode ser classificada em:

a. Inovação de produtos e serviços – desenvolvimento de produtos ou serviços fundamentados em novas tecnologias e com estreita vinculação com o atendimento de necessidades dos consumidores;

b. Inovação de processos – desenvolvimento de novos meios de produção ou de novas formas de prestação de serviço;

c. Inovação de negócios – desenvolvimento de novos negócios com vantagens competitivas que promovam a sustentabilidade do negócio;

d. Inovações em gestão – desenvolvimento de novas estruturas organizacionais, novas formas de distribuição e logística etc.

A inovação pode estar no desenho, no serviço, na comunicação, na assistência ou em técnicas de marketing. E a inovação é a estratégia utilizada hoje para gerar riqueza sustentada, em um cenário de hiper-competitividade.

Se uma organização já se utilizou dos modernos processos de gestão empresarial (*downsizing*, *benchmarking*, reengenharia, controle da qualidade, Seis Sigma etc.) e utiliza tecnologia de ponta e, mesmo assim, os concorrentes estão à sua frente, é possível que ela esteja inovando menos que os concorrentes, uma vez que a estratégia para crescimento contínuo é o equilíbrio entre o tradicional e o novo, e o que promove esse convívio é a inovação.

■ Outros Conceitos de Inovação

- Inovação é adotar novas tecnologias que permitem aumentar a competitividade da organização. (C. K. Prahalad, Universidade de Michigan)
- Inovação é um processo estratégico de renovação contínua do próprio negócio e de criação de novos conceitos de negócios. (Gary Hamel, London Business School)
- Inovação caracteriza-se pela abertura de um novo mercado. (Joseph Schumpeter, economista)
- Inovação é o ato de atribuir novas capacidades aos recursos existentes na empresa, para gerar riqueza. (Peter Drucker, *Inovação e Espírito Empreendedor*)

Existem duas razões básicas para se inovar: as tecnológicas e as econômicas. As razões tecnológicas envolvem o desenvolvimento de novos produtos, a melhoria dos processos existentes, a adaptação das tecnologias existentes às necessidades da organização e a melhoria do desempenho das tendências e procedimentos existentes. As razões econômicas envolvem a substituição de produtos obsoletos, a abertura de novos mercados, a redução dos custos de produção, a redução da produção, a geração e o controle de resíduos industriais, a melhora das condições de trabalho e o aumento da produtividade.

A inovação em gestão é a transformação dos processos gerenciais, que modificam as práticas, as tarefas, a tomada de decisão e as atividades dos executivos das organizações. Diferenciam-se das inovações em produtos e processos industriais ou operacionais, que estão relacionadas com a forma de se executarem as práticas que transformam entradas de insumos em saídas de produtos ou serviços.

Na perspectiva da estratégia empresarial, Igor Ansoff, professor de Administração Industrial da Graduate School of Industrial Administration do Carnegie Institute of Technology, mencionou a existência de três tipos básicos de recursos em uma organização: os físicos (atividade produtiva e estoques); os monetários (capital e crédito) e os humanos. A colocação da tecnologia como um quarto recurso se justifica na medida em que a inovação tecnológica supre a organização de um instrumental de tal natureza, que propicia uma vantagem competitiva entre os concorrentes. A inovação é um atributo organizacional que permite à organização alterar o seu portfólio de produtos e/ou serviços, adaptando-se às mudanças de mercado e às necessidades dos consumidores.

O processo de inovação, da idéia ao mercado, é gerenciado pela atividade de P&D (pesquisa e desenvolvimento) e não mais pelo inventor isolado e sem apoio de infra-estrutura. Já o processo de inovação do mercado para a idéia é gerenciado pelo marketing/vendas.

A organização contemporânea precisa de um fluxo constante de inovações para se manter e crescer no mercado global, e, portanto, há necessidade permanente de recursos tecnológicos para atender à demanda de melhoria da qualidade do produto e/ou serviço, bem como atender aos requisitos de redução de custos e geração sustentada de lucros.

A exigência de produtos e/ou serviços de qualidade, valor agregado, flexibilidade operacional e de logística, rapidez nas entregas e ciclo de vida cada vez mais curto faz com que as empresas se diferenciem pelo estoque de capital intelectual. Hoje, os recursos humanos de uma organização constituem, na verdade, um diferencial competitivo, em que o conhecimento coletivo sobre a organização e o seu negócio passa a ser vital para a sobrevivência e a expansão da empresa.

A inovação e a competitividade conduzem a organização a observar procedimentos e processos de trabalho, formas de organização e a formação de equipes, na concepção de que o conhecimento deve abranger todos os aspectos da realidade e não apenas parte do todo. Portanto, para administrar os esforços, as peculiaridades, os recursos e as competências essenciais, há necessidade de um modelo de gestão compatível com o interesse da organização, em que a atividade de P&D e Sistemas de Gestão da Inovação sejam parte integrante da organização.

O binômio inovação tecnológica/competitividade passou a ter importância estratégica para a participação no mercado local, regional, nacional ou internacional. Os fatores determinantes da competitividade estão sendo redefinidos, fazendo sucumbirem as empresas incapazes de se adaptar ao novo contexto e emergirem novas empresas com base tecnológica.

Investimentos em tecnologia decorrem do novo paradigma do setor industrial que privilegia a inovação como vantagem competitiva. As estratégias empresariais são definidas a partir da identificação da oportunidade, e a competição é fundamentada em vantagens desenvolvidas em centros de pesquisa, onde os custos de processo e a cadeia produtiva passam a ter um papel relevante. Dessa forma, os investimentos em P&D passaram a fazer parte da agenda de executivos e empresários, e passou a ser estratégica a busca de parceiros no compartilhamento de gastos e riscos tecnológicos.

Com a difusão do conhecimento tecnológico, de práticas gerenciais contemporâneas e de novas formas de organização da produção, a especialização foi alterada, e em vários países de mão-de-obra barata estão sendo instaladas unidades de alta tecnologia. Esse novo contexto de concorrência global introduz nos custos ajustes que afetam e impactam o emprego de milhares de pessoas. Novos postos de trabalho estão sendo criados, exigindo qualificação profissional e alterando o perfil de exigências do trabalhador, e postos de trabalho estão sendo eliminados, gerando conflitos.

Em contraste com essas evidencias internacionais, as indústrias brasileiras ainda se encontram distantes do patamar de eficiência e produtividade internacional. No período 1990/1994, a indústria experimentou um processo de reestruturação, impondo-se uma maior dinâmica na atividade produtiva, em face da abertura econômica. A onda neoliberal que afeta o mundo, a globalização financeira e dos mercados, trouxe novos entrantes no setor industrial, tornando-se uma ameaça para as empresas locais, regionais, nacionais e supranacionais. Portanto, estão em jogo a sobrevivência das empresas, o posicionamento do Estado (de empreendedor para regulador) e os aspectos de infra-estrutura, como energia, telecomunicações e transporte.

Os esforços da alta gerência estão se concentrando na implantação e manutenção de uma estrutura própria de um sistema de gestão da inovação, em face do contexto da nova realidade competitiva.

Sob a ótica empresarial, a questão da tecnologia pode ser analisada sob quatros ângulos:

a. no primeiro, verifica-se a tecnologia envolvida nos processos de produção;

14 Capítulo Dois

b. no segundo, analisam-se os eventuais *royalties* pagos por transferência de tecnologia, licenças e contratos de assistência técnica;

c. no terceiro, a tecnologia passa a ter um posicionamento estratégico na empresa; e

d. no quarto, a alta gerência institui uma gestão própria da tecnologia, constituindo-se em decisões autônomas para a obtenção ou o desenvolvimento de inovações.

No Brasil, a intensidade com que a variável tecnologia vem se incorporando ao processo decisório das empresas reflete-se no baixo percentual de investimento do país em C&T, cerca de 0,8% sobre um PIB – Produto Interno Bruto praticamente estabilizado, enquanto países desenvolvidos investem entre 2,0 e 3,0% do PIB.

Trabalho desenvolvido pelo MCT e também pela Anpei – Associação Nacional de Pesquisa e Desenvolvimento de Empresas Industriais, envolvendo o período 1993/2005, junto a 140 indústrias de porte, observou um pequeno aumento do percentual de faturamento bruto destinado à inovação tecnológica, passando de 1,17% em 1993 para 1,37% em 2000, ainda abaixo dos percentuais verificados pelas empresas em países desenvolvidos. Há empresas nos EUA que chegam a alcançar 5,9% do faturamento bruto, como é o caso da IBM, e 21%, no caso da Microsoft. No *ranking* das 1.000 maiores empresas mundiais que investem em P&D, o Brasil só possui uma única – a Petrobras – que investe 1% do seu faturamento anual, embora existam outras organizações que investem mais, como é o caso da Embraco – Empresa Brasileira de Compressores, uma multinacional brasileira de compressores de refrigeração cujo Centro de P&D e Inovação emprega 300 profissionais. A estratégia adotada é a de gerar o conhecimento próprio do saber fazer e conhecer o porquê, dispensando a tecnologia alheia.

Segundo pesquisa recente da CNI, 82% das organizações brasileiras pretendem investir em Centros de P&D, uma vez que as chances de exportação aumentam, bem como os preços dos produtos podem conter melhores margens. A Ompi – Organização Mundial da Propriedade Industrial (www.wipo.int) divulgou que o Brasil dobrou o número de pedidos de patentes, e no triênio 2001-2003 alcançou 336 registros. Porém, no mesmo período, a China saltou seis vezes e a Coréia registrou 3.000 patentes, revelando a fragilidade das organizações brasileiras no cenário competitivo mundial. No triênio 2004-2006, os registros declinaram para 304 patentes, enquanto outros países cresceram de forma significativa. O grande salto de patentes da China, Coréia, Taiwan e Índia foi no setor de informática/eletrônica/telecomunicações, que já responde por US$30 bilhões anuais de exportações da Índia e representa 5% de seu PIB.

O lado preocupante desse descompasso é a baixa capacidade de inovação das empresas nacionais. A pesquisa Pintec – Pesquisa Nacional de Inovação Tecnológica, abrangendo o período 2001-2003 e envolvendo cerca de 84.000 indústrias, registrou uma queda acentuada entre as empresas que realizam P&D de forma contínua. Das empresas nacionais pesquisadas, apenas 1.200 delas tinham produtos diferenciados capazes de colocá-las na liderança de seus mercados, e apenas 177 possuíam processos inovadores de impacto mundial. Os empresários pesquisados alegaram falta de ambiente favorável para o investimento em P&D, e 80% deles responsabilizaram os custos como o principal obstáculo, bem como a complexidade e a burocracia da legislação.

Conforme recente pesquisa do Ipea – Instituto de Pesquisa Econômica Aplicada, apenas 1,7% das empresas industriais brasileiras inovam e diferenciam produtos, e mostra que quem realiza inovação tem 16% mais chances de ser exportadora do que uma empresa que não o faz.

São muitas as questões a serem pensadas no processo de implantar um Centro de P&D e Inovação ou uma equipe de P&D dentro de uma empresa. As empresas bem-sucedidas trazem a marca da incorporação da gestão tecnológica à gestão corporativa. A governança corporativa e a alta gerência de qualquer organização devem planejar o processo de introdução da gestão da inovação e tecnologia, em função da especificidade do seu negócio, avaliando-se as seguintes questões:

1ª QUESTÃO: Tomada de Decisão

É o esforço de sistematizar e integrar as atividades de P&D na empresa, disseminando-se o seu conceito e a sua atitude perante o mercado competitivo. O desafio é o engajamento de toda a empresa, pela formação do aproveitamento das oportunidades. O ambiente de negócios está a exigir que a estratégia tecnológica determine a diferença em determinados mercados, e, portanto, as decisões de fazer o desenvolvimento ou comprar a tecnologia devem ser tomadas com o maior critério possível.

2ª QUESTÃO: Integração

Trata-se do esforço da alta gerência de efetuar uma integração horizontal da inovação tecnológica com as atividades de marketing e produção.

3ª QUESTÃO: Valorização do Espírito Empreendedor

Trata-se de promover as condições para transformar o empregado em parceiro da organização, pela visão da inovação para o alcance de resultados sustentados e capacitação para assumir riscos calculados. Esse esforço dentro das organizações tem que ser implantado para dar vazão ao processo criativo pela identificação de oportunidades, junção da idéia com o conhecimento e busca de novos produtos, processos e serviços.

4ª QUESTÃO: Medição de Resultados

Trata-se de medir os esforços da gestão de inovação e tecnologia pela análise do retorno do investimento e lucratividade.

A necessidade de ampliar os efeitos de P&D dos objetivos estratégicos é o maior desafio enfrentado pela alta gerência dentro do novo paradigma industrial, e mesmo os setores de "baixa tecnologia" estão utilizando a "alta tecnologia" como vantagem competitiva. Portanto, uma das armas mais fortes e mais competitivas que existem para sustentar o sucesso de uma empresa é a estrutura de gestão da inovação e da tecnologia e uma estruturação das atividades de pesquisa e desenvolvimento tecnológico (P&D).

Assim, essa questão deve merecer atenção da governança corporativa. Para isso é necessário, além de outras coisas, o conhecimento e o entendimento dos termos básicos relacionados à questão tecnológica num contexto empresarial, detalhados a seguir:

- Tecnologia: conjunto de conhecimentos técnicos necessários para o desenho, a produção e a comercialização de bens e serviços.
- Aprendizagem tecnológica: processo de apropriação, geração (pesquisa básica e aplicada, desenvolvimento e apoio técnico) e divulgação interna do relacionamento tecnológico, que é de origem interna ou externa (assimilação tecnológica).
- Capacidade tecnológica ou função de P&D: conjunto de ferramentas necessárias para sustentar um processo permanente de apren-

dizagem tecnológica. Pode ser explícita (laboratórios de pesquisa, departamentos de P&D, centros de tecnologia etc.) ou embutida (habilidades individuais que de alguma forma contribuem para o processo).

- Gestão da inovação e tecnologia: é a administração da questão tecnológica aplicada à organização.

Uma das questões da economia refere-se aos fatores determinantes de médio e longo prazos dos padrões de crescimento e de mudança no ambiente macroeconômico, especialmente na interação que se estabelece nos sistemas sociais e técnico-tecnológicos. É evidente que o sistema econômico é complexo e que as relações entre as suas partes componentes estão de alguma forma estruturadas. A força móvel das relações funcionais é a mudança técnica, tanto pelo lado da indução pelo mercado e suas oportunidades, como pela indução pela tecnologia.

Os inter-relacionamentos entre progresso científico (sistema científico), mudança técnica (sistema tecnológico) e desenvolvimento econômico (sistema econômico) e suas mútuas influências são as principais forças motoras da transformação social. A mudança técnica pode originar-se tanto por uma indução pela demanda de mercado ou oportunidades de mercado quanto por uma indução pela tecnologia.

Na indução pela demanda, a força motora é o reconhecimento das necessidades pelo sistema produtivo, que toma medidas e adota estratégias para atendê-las. A seguir estão detalhadas as formas como se podem identificar essas necessidades e oportunidades de mercado para inovações.

As fontes de inovação e tecnologia de uma organização, que serão tratadas mais adiante, podem ser, resumidamente, assim classificadas:

a. Fontes Internas à Organização

São oriundas das diversas áreas da cadeia produtiva, da engenharia e do P&D.

b. Fontes Externas à Organização

São as relacionadas com o mercado: fornecedores de matérias-primas, clientes e concorrentes, aquisição de informações, consultorias especializadas e tecnologias embutidas.

18 Capítulo Dois

c. Fontes de Domínio Público

São os artigos científicos, as teses, as exposições e feiras, os congressos e artigos em geral, cursos e programas educacionais, livros, manuais, revistas técnicas e a internet.

As organizações devem se utilizar de diversas fontes ou da combinação das fontes e dos atores envolvidos, na busca de oportunidades de negócios inovadores.

2.2 IDENTIFICAÇÃO DE OPORTUNIDADES DE INOVAÇÃO

A análise das oportunidades disponíveis no macroambiente deve resultar da visão empreendedora da atividade comercial/marketing/engenharia, e existem três categorias de oportunidades que necessitam ser analisadas pela organização:

1. Oportunidades adicionais: são aquelas que exploram recursos existentes e que são sinérgicas, e portanto não modificam o caráter da atividade comercial existente;
2. Oportunidades complementares: são aquelas que são identificadas como novas e que podem conviver com as linhas de produtos e canais de distribuição atuais;
3. Oportunidades inovadoras: são aquelas que modificam o caráter da atividade comercial atual e que naturalmente envolve riscos, que devem ser calculados.

Que tipo de oportunidade ajudaria a corporação na melhoria dos resultados sustentados e da lucratividade? A princípio, não existe uma metodologia que garanta que as oportunidades certas possam ser escolhidas. Mas um fato é certo: a melhor maneira de selecionar alternativas ainda é o **plano de negócios** e o **retorno sobre o capital investido**.

Várias são as questões sobre as quais você terá que refletir, analisar e tomar decisões estratégicas, visando à adequação da Organização ao contexto competitivo:

* especialização ou diversificação?
* implantação de uma nova Organização?

- aquisição de uma concorrente?
- fusões, aquisições ou alianças?
- crescimento, estabilidade ou redução?

Agora vamos analisar as formas de se pesquisar onde se encontram as oportunidades de inovações e de novos negócios.

Em primeiro lugar, é básico o desejo de realizar, pois é um comportamento que predispõe o empreendedor a identificar as oportunidades. Essa capacidade consiste em aproveitar qualquer oportunidade identificada para conceber novos negócios. As pessoas são expostas diariamente a diversas informações e informes, porém somente os verdadeiros empreendedores identificam as oportunidades e criam novos produtos e/ou serviços.

A organização de sucesso é aquela que sempre observa negócios, na constante procura de novas oportunidades de inovação. As pessoas devem ficar atentas a inovações pela observação, seja no caminho de casa e do trabalho, nos seminários, festividades, feiras, lendo revistas ou vendo televisão. Devem estar antenadas a qualquer oportunidade de conhecer melhor um novo negócio que surge ou analisar um novo mercado.

▪ E Quais São as Estratégias para Identificar as Oportunidades de Inovação?

Para facilitar a compreensão do processo de identificação de oportunidades de inovação e novos negócios e observar lacunas no mercado, estão especificadas a seguir as estratégias que devem ser utilizadas pelos gestores da inovação:

- Necessidades e desejos das pessoas
- Análise de deficiências ou lacunas
- Análise de tendências
- Negócio extraído de alguma ocupação
- Procura de outras aplicações ou da interface de diferentes especializações
- Análise de *hobbies* e especializações
- Modismos
- Imitação do sucesso do que está dando certo
- Soluções de problemas

- ## Necessidades e Desejos das Pessoas

  Todo negócio deve atender às necessidades de pessoas, mediante oferta de algum produto ou serviço pelo qual elas estão dispostas a pagar. A estratégia mais utilizada para identificar oportunidades de negócios é procurar necessidades que não estão sendo satisfeitas e desenvolver os produtos ou serviços para satisfazê-las, a um preço que essas pessoas possam pagar. Um método fácil de ser implementado é o de prestar atenção às queixas das pessoas e tentar solucioná-las.

- ## Análise de Deficiências ou Lacunas

  O gestor de inovação e de tecnologia que se utiliza dessa estratégia escolhe um tipo de negócio e começa a estudá-lo com o objetivo de investigar o que pode ser melhorado, para em seguida analisar se essas melhorias são importantes para os consumidores. Se forem, pode, como conseqüência, surgir um novo negócio ou um novo produto ou um novo serviço ou uma nova forma de atendimento.

- ## Análise de Tendências

  O contexto é de constante mudança, promovendo a interação das mais diversas tendências macro e microeconômicas, com os diversos estágios de ciclos de vida de produtos e serviços, bem como de **ciclos econômicos** e **influências sazonais**. Para identificar oportunidades de negócios através da análise de tendências, tem-se que tentar prever quais e quando vão ocorrer as mudanças significativas e como elas vão afetar as pessoas e os negócios. As mudanças acabam gerando novas tendências, que podem trazer novas oportunidades, que podem gerar negócios lucrativos.

- ## Negócio Extraído de Alguma Ocupação

  São aquelas oportunidades derivadas da análise detalhada de que sempre se pode fazer melhor e diferente o que está sendo feito. Inúmeros são os exemplos de pessoas que se desligam de suas empresas para montar seu próprio negócio, levando consigo idéias inovadoras.

  Alguns exemplos de negócios que se originaram de atividades empresariais: escritório de contabilidade montado pelo contador de uma empresa; organização de pesquisa de salários montada pelo analista de cargos e salários de uma grande organização; empresa de consultoria de gestão formada por ex-diretores de uma grande organização multinacional; cursos especializados montados por professores de universidade.

- **Procura de Outras Aplicações ou da Interface de Diferentes Especializações**

Trata-se da estratégia de identificar oportunidades de negócios para **explorar outras aplicações** para algum produto, serviço ou um processo fabril **que já se conheça bem**, pela nova utilização de alguma solução tecnológica, mercadológica, industrial, cultural ou social a ser desenvolvida.

É provável que surjam novos produtos através das inovações e tecnologias na interface de produtos já existentes na linha de comercialização da organização, pela fusão ou sinergia de tecnologias, ou mesmo pela capacidade de combinar conhecimentos diferentes.

- **Análise de *Hobbies* e Especializações**

Se a organização sabe fazer algo ou produz algo diferenciado, é muito provável que um grande contingente de pessoas também goste do que a organização faz. A oportunidade de negócios por superespecialização surge pelo desenvolvimento de um serviço ou de um produto que atenda à necessidade do consumidor que adora o produto. É muito comum os *hobbies*, os gostos e as especializações representarem oportunidades de negócios, e a maioria desses negócios é muito rentável.

Vários são os negócios que surgem pela exploração de gostos, especializações e *hobbies*. O ex-tenista profissional Carlos Alberto Kyrmayr, com sua clínica de tênis, o ex-corredor de Fórmula-1 Nelson Piquet, com o sistema de controle de frota de veículos e blindagem de carros, o ex-corredor de Fórmula-1 Emerson Fittipaldi, com o negócio de revenda de combustíveis são exemplos de como os seus gostos, *hobbies* e especializações podem se transformar em negócios lucrativos.

- **Modismos**

Oportunidades de negócios que nascem na onda dos modismos são encontradas quando se procuram idéias originais, que podem atender a desejos especiais dos consumidores. Trata-se de um negócio que, geralmente, tem ciclo de vida rápido, porém muito lucrativo se bem explorado.

Quando um produto ou um serviço é original, tende a transformar-se em modismo, com grande sucesso no estágio introdutório e de crescimento do seu ciclo de vida, seguido de rápido declínio. Por esse motivo, se não houver um bom planejamento, o sucesso inicial pode se transformar em fracasso. A idéia é explorar o modismo enquanto permaneça na mente do consumidor.

- **Imitação do Sucesso do que Está Dando Certo**

  Imitar o sucesso do outro é a fórmula menos arriscada de se iniciar um negócio, pela aparente redução do risco.

  Para se ter sucesso em imitar o sucesso do outro, deve-se procurar observar com detalhes o negócio, identificar as razões desse sucesso e, se possível, analisar a introdução de melhorias no negócio original, a fim de estabelecer uma vantagem competitiva em relação aos concorrentes.

  O grande sucesso de um negócio pode representar oportunidades para outros que copiam o sucesso e suprem a demanda não-atendida pela organização inovadora. No lançamento de um produto ou um serviço novo, é comum não haver lealdade por parte dos consumidores a uma determinada marca ou produto, especialmente durante a fase de lançamento.

  A motivação do comprador é conseguir satisfazer sua necessidade, e, como geralmente a organização inovadora não consegue atender o mercado, o consumidor então procura um produto similar, caracterizando-se assim a necessidade de negócios similares.

- **Solução de Problemas**

  A complexidade dos problemas, a quantidade de especializações e o ritmo da globalização vêm exigindo competências e habilidades nas atividades vinculadas a solução de problemas, que na maioria das vezes concorrem para aperfeiçoamentos e melhorias ou mesmo inovações radicais.

Onde Estão os Focos e Nichos de Novas Oportunidades de Inovação?

Independentemente da estratégia adotada para identificar oportunidades de negócios, as mudanças vão ocorrer, promovendo-se assim chances a empreendedores antenados, organizados e bem-informados a desenvolverem novos produtos e serviços.

Estão aqui indicadas algumas sugestões de nichos e segmentos em que existem reais oportunidades para empreendedores, e nos quais se deve concentrar o foco de observação e análise:

- **Área de Energia e Petróleo**

  Todo ser humano necessita de energia para viver, o que representa grandes oportunidades de negócios. Geração de energia requer insumos permanentes e em grandes quantidades, o que leva a considerar que enormes oportunidades podem ser desenvolvidas com alternativos energéticos.

  Com o preço do petróleo em movimentos de alta e baixa, porém com tendência de alta progressiva em face de esse produto ser finito, inúmeras oportunidades podem surgir na atividade de conservação de energia e alternativos energéticos.

- **Reciclagem de Materiais**

  A necessidade de controlar a poluição apontará inúmeras oportunidades para aqueles que identificarem processos de reciclagem de materiais.

- **Educação Continuada**

  A rapidez das mudanças e a evolução tecnológica trazem para os negócios e as pessoas a necessidade de qualificação e requalificação da mão-de-obra, o que gera inúmeras oportunidades de cursos especiais.

- **Saúde e Doença**

  A identificação de oportunidades no campo da saúde e da doença é ilimitada, considerando as grandes dificuldades do sistema oficial de atender um país de dimensões continentais e a ausência de recursos.

- **Alimentos**

  Todo ser humano precisa ser alimentado para atender uma necessidade básica. Daí, inúmeras são as oportunidades no campo da produção, armazenamento e distribuição de alimentos, bem como da industrialização e artesanato alimentar, que são os diversos restaurantes e bares que exploram o atendimento dessa necessidade básica do ser humano, sem considerar o atacado e o varejo na comercialização dos produtos alimentícios.

- **Clima**

  O clima pode representar excelente oportunidade para exploração de negócios, tais como sorveterias, oficinas de ar-condicionado, equipamentos com base na energia solar, aquecedores domésticos e assim por diante.

- **Substituição de Materiais**

  Trata-se de acompanhar o desenvolvimento de produtos sucedâneos, pela análise das oportunidades que podem surgir dessas substituições.

- **Área de Varejo**

  Inúmeras são as oportunidades quando se analisam as tendências e as exigências dos consumidores para explorar o comércio de: computadores, material de escritório, malas de viagem, livros raros, flores, velas especiais e ornamentais, perfumes e odores, doces e bolos, café e chá, material esportivo, artigos para animais de estimação, equipamentos médicos, entre outros.

- **Coisas de Segunda Mão**

  Grandes oportunidades podem ser desenvolvidas a partir da análise de necessidade das pessoas e dos negócios para o uso de coisas de segunda mão, por exemplo: carros, roupas especiais, móveis raros, livros, barcos, antiguidades, instrumentos musicais, jogos eletrônicos, entre tantas outras.

- **Serviços Especializados**

  Essa é uma atividade absolutamente criativa. Manicure e pedicure, funerária, agência de viagem, lavanderia, limpeza de tapetes, telemarketing, limpeza de jardim, emprego temporário, fotografia, dança, entre outros serviços, estão a exigir inovações.

- **Consultorias**

  Trata-se da identificação de necessidades a serem atendidas tanto para pessoas quanto para empresas: meteorologia, controle de ruído, gestão empresarial, gerontologia, jardinagem, arquitetura, marketing, processamento de dados, nutrição e novos negócios, entre outras atividades.

- **Aluguéis**

  Não têm limites as oportunidades que podem ser desenvolvidas: automóveis, roupas, tapetes, armazéns, casas de veraneio, vídeos, máquinas copiadoras, vídeos, DVDs, máquinas e equipamentos diversos.

- **Lojas Especializadas**

  Trata-se de identificar demanda e localização para negócios especializados, como: loja de tênis, loja de malas, loja de material esportivo, loja de computadores e acessórios, cafés, tapetes orientais, equipamentos médicos, entre inúmeras atividades que podem ser criadas.

- **Microeletrônica**

  Trata-se de um universo de oportunidades, para o desenvolvimento de software para programas de utilização customizada, para a fabricação de computadores, e principalmente o desenvolvimento de novos produtos e consultorias para integração com o mundo da telecomunicação.

2.3 OS AVANÇOS PELA TECNOLOGIA

A tecnologia é um conjunto de conhecimentos práticos, aplicáveis e teóricos, de métodos, procedimentos, diretrizes, experiências, dispositivos e equipamentos, relacionados a um dado produto ou serviço, que definem as possibilidades de produção de bens e serviços para o atendimento de necessidades da sociedade, caracterizando assim o progresso técnico.

O progresso técnico em uma determinada trajetória tecnológica estabelece aspectos cumulativos, proporcionando avanços tecnológicos que impulsionam empresas e nações. Somente alterações econômicas, científicas e sociais podem determinar a obsolescência de determinadas trajetórias tecnológicas, pela seleção de novas tecnologias, que se processam da seguinte forma:

a. **Inovações incrementais** – são tecnologias que melhoram ou aprimoram um processo de produção ou a forma de aplicação do produto.

b. **Inovação radical ou disruptiva** – é o surgimento de um novo processo ou produto com desempenho superior, ou atributos diferenciados ou agregação de novos valores.

26   Capítulo Dois

A inovação também diz respeito a novidade, e ela pode trazer um alto grau de novidade em um segmento específico e ao mesmo tempo ser uma prática rotineira em outro. E é importante que se diferencie inovação tecnológica de desenvolvimento de novo produto, uma vez que a inovação de produtos é o resultado da aplicação de uma tecnologia no desenvolvimento de vários produtos.

Estamos na era da inovação de soluções e de negócios, e o foco está nas competências de conhecimento, na aprendizagem tecnológica, na gestão do conhecimento e na gestão dos ativos intangíveis, em que as empresas têm que se preocupar com um ambiente corporativo que promova o compartilhamento do conhecimento e que clientes e fornecedores participem no desenvolvimento das inovações, caracterizando-se um novo instrumental – a empresa ampliada em sua gestão de negócios.

2.4 OS TIPOS DE INOVAÇÕES

A referência amplamente utilizada para analisar o processo de inovação é o Manual de Oslo, desenvolvido pela OECD – Organization for Economic Co-operation and Development (Organização para a Cooperação e Desenvolvimento Econômico), que ampliou o escopo do Manual Frascati, permitindo comparações internacionais sobre o desempenho dos países no que tange à inovação, fonte que inspirou a Pintec – Pesquisa Industrial sobre Inovação Tecnológica, do IBGE, que é a principal referência para se obter estatísticas sobre as atividades inovativas da indústria brasileira.

De acordo com o Manual de Oslo (OECD, 1992), o produto tecnologicamente considerado novo é aquele cujas especificações e características são diferentes daqueles habitualmente fabricados pela organização.

Então, define-se uma mudança tecnológica como a capacidade da organização em diferenciar o nível de inovação em relação ao que havia anteriormente.

As mudanças tecnológicas são categorizadas por Freeman, em seu livro *The Economics of Industrial Innovation* publicado pelo MIT em 1997, em função dos impactos causados na gestão e no mercado, a saber:

a. Inovações incrementais – é o nível mais simples, que abrange alterações em *design*, no leiaute, nos arranjos logísticos e novos procedimentos, e ocorrem de maneira continuada em qualquer negócio;

b. Inovações radicais – é a mudança tecnológica que rompe as atividades em curso, em função das oportunidades;

c. Inovações sistêmicas – são mudanças que ocorrem em um grupo de setores da indústria, e que têm repercussões nas atividades organizacionais;

d. Inovações técnicas e organizacionais – são as mudanças que alteram processos e produtos, criando nova indústria e, portanto, interage com o socioeconômico.

As mudanças no paradigma socioeconômico envolvem inovações no tecido social e econômico de uma nação e aparecem quando grandes reduções de custos ocorrem ou quando recursos escassos entram em esgotamento.

Duas são as forças indutoras da mudança tecnológica:

1. necessidades dos consumidores e usuários (*demand pull*); e

2. avanços da ciência e tecnologia (*technology pull*).

CAPÍTULO 3

Sistema Nacional de Inovação

O Sistema Nacional de Inovação, Ciência e Tecnologia – SNI situa-se como uma rede inteligente de entidades públicas e privadas que têm em comum o interesse contínuo pela inovação e que formulam de forma integrada as atividades de ciência, tecnologia e inovação, caracterizando-se como a base institucional de promoção da C&T e Inovação.

Estamos saindo do paradigma do sistema técnico, definido pela matéria e pela energia, que prevaleceu desde a Revolução Industrial, para um sistema que adiciona uma nova dimensão, o da informação. O novo paradigma integra a ciência e a tecnologia com três atores: a universidade, o setor produtivo e o governo. O eixo da ciência pura está sendo deslocado pela pesquisa científica para a formulação e a implantação de políticas de tecnologia, voltadas para a inovação e a sustentabilidade das organizações e a geração de receitas e impostos para as nações.

Os acadêmicos Pari Patel e Keith Pavitt, em 1994, estabeleceram a primeira classificação dos SNI:

- **Sistemas Maduros** São aqueles que estão colocados nos países situados na fronteira do desenvolvimento tecnológico internacional. É o caso típico dos sistemas dos EUA, Alemanha, Japão, Reino Unido, França e Itália.

- **Sistemas Intermediários** São aqueles que se dedicam à difusão da inovação e capacitação para absorver os avanços dos sistemas maduros. É o caso da Coréia do Sul, Suécia e Dinamarca.
- **Sistemas Incompletos** São aqueles que possuem infra-estrutura de C&T mas não conseguem convertê-la em sistemas de inovação. É o caso do Brasil, México e Argentina.

A primeira representação gráfica de um SNI – Sistema Nacional de Inovação é atribuída a Jorge Sábato (SÁBATO e BOTANA, 1968), em seu modelo que ficou conhecido como o triângulo de Sábato, cujos vértices estão posicionados em Governo, Instituição de Ensino (Academia/Universidade) e Sistema Produtivo/Empresa (Figura 3.1).

3.1 A CIÊNCIA E A TECNOLOGIA

A palavra tecnologia deriva do grego *techné*, que significa habilidade, ou seja, uma atividade eminentemente prática. Já a palavra ciência derivada de *epistemê*, isto é, visão contemplativa das coisas com os olhos da alma, da essência. A ciência persegue a verdade e a tecnologia persegue a eficiência. Enquanto a ciência se utiliza de um conjunto de descrições, teorias e leis que objetivam conhecer uma parcela da realidade, a tecnologia se preocupa em melhorar a eficiência das ações do homem em todos os sentidos.

A ciência pode ser analisada sob dois ângulos: a ciência ensinada, que é a ciência conhecida e ministrada pelos professores, e a ciência-processo (MAIA, 1992), que é a ciência que está sendo feita, envolvendo a

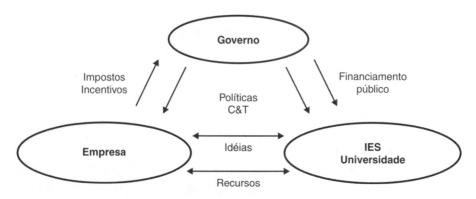

FIGURA 3.1 Triângulo de Sábato

pesquisa e a divulgação dos seus resultados. Portanto, não há dois tipos – a ciência pura e a aplicada, ou tecnologia; na verdade o que existe é a ciência e suas aplicações.

Há então que se distinguir: pesquisa básica, que visa ao conhecimento, e pesquisa aplicada, ou tecnológica, que visa diretamente às aplicações da ciência. A ciência é histórica, no sentido da acumulação de conhecimentos, através das pesquisas ou das resoluções de problemas. A ciência também permite a correção e revisão de enunciados científicos, em função de novas provas ou inovações, bem como torna-se cada vez mais objetiva.

A tecnologia permite ao homem produzir os mais variados objetos, ferramentas e equipamentos para satisfazer suas necessidades, bem como aperfeiçoar objetos existentes, melhorando determinadas características. A ação tecnológica combina raciocínio teórico com conhecimentos especializados. Kneller (1980), citando Aristóteles, aponta a tecnologia como "idêntica a um estado de capacidade para fazer, envolvendo um verdadeiro exercício de raciocínio" (p. 246).

Na maior parte da história, a ciência e a tecnologia se desenvolveram de *per si*. De acordo com Rupert Hall, extraído de Kneller (1980):

"Virtualmente todas as técnicas da civilização até uns duzentos anos atrás foram obra de homens tão incultos quanto anônimos. Ele e Marie Hall declararam que os primórdios da tecnologia moderna, na chamada Revolução Industrial do século XVIII e começos do XIX, deveram virtualmente nada à ciência e tudo aos frutos da tradição nas artes mecânicas e artesanais. Tais convenções foram os resultados de experimentos empíricos, produtos do engenho artesanal e de grande quantidades de trabalho árduo" (p. 249).

A Revolução Industrial introduziu as máquinas no processo de fabricação, bem como implantou a organização do trabalho, não tendo sido desencadeada pela ciência mas sim por fatores políticos, econômicos e sociais.

Os primeiros laboratórios em indústrias e a utilização de cientistas para aperfeiçoar as técnicas disponíveis somente aconteceram na segunda metade do século XIX. Antes desse marco, os progressos tecnológicos eram desenvolvidos por artífices e homens práticos. Da Revolução Industrial (1780) até a Segunda Guerra Mundial (1945), a ciência e a tecnologia começaram a se articular quando Galileu, Newton e Copérnico mudaram a face da ciência, pelo afastamento da fé e introduzindo a razão. Houve nesse estágio grande desenvolvimento da física, da astronomia e da biologia.

A máquina a vapor foi construída quase cinqüenta anos antes do surgimento da termodinâmica. A ciência básica foi utilizada por James Watt em 1764, quando inventou o condensador de vapor. A utilização do calor e do vapor para acionar máquinas foi implantada por empresários com poucos conhecimentos científicos.

A tecnologia começou a fazer uso da ciência a partir de 1856, quando William Perkin, um assistente do Royal College of Chemistry, sintetizou o quinino e verificou que o corante de malva não desaparecia com a lavagem do tecido, nascendo assim o corante sintético, que rapidamente foi levado à produção industrial.

A partir da Segunda Guerra Mundial, a aliança entre a ciência e a tecnologia foi formalizada nas indústrias automobilística e aeronáutica. Hoje, a ciência faz parceria com a tecnologia. A tecnologia com base científica estabelece os fundamentos para a fabricação de produtos e/ou serviços e organiza atividades humanas.

É importante, também, distinguir pesquisa e desenvolvimento. A primeira está ligada à produção do conhecimento, enquanto o desenvolvimento significa a utilização do conhecimento para efetuar melhorias incrementais ou radicais em produtos e/ou serviços e conceber protótipos.

A tecnologia pode ser experimental e produtiva. A experimental é usada para comprovar as hipóteses científicas, e a produtiva coloca a tecnologia experimental a serviço da indústria, do capital para a produção (Figura 3.2).

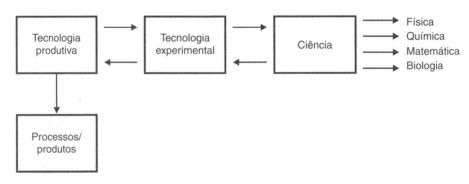

FIGURA 3.2 A passagem da tecnologia experimental para a produtiva

O mercado industrial passou a investir na tecnologia produtiva, surgindo o que se denomina tecnociência, ou seja, a ciência integrada ao capital. Há uma diferença importante entre o domínio da produção de novas tecnologias e o domínio de suas aplicações. O domínio da produção é a capacidade de adaptar o processo produtivo de bens e serviços relacionados com as tecnologias da informação e comunicação – TIC. O domínio da utilização é a capacidade de integrar os novos componentes da TIC em outras atividades, visando ao aumento da competitividade.

3.2 A UNIVERSIDADE

Somente em 1809, com a constituição da Universidade de Berlim, a universidade passou a ser observada pela sociedade como uma equipe de pesquisadores na criação do saber e na organização do saber fazer. Ao longo do século XIX surgiram as escolas de engenharia, como as de Munique e Zurique, que promoviam pesquisas científicas e tecnológicas, porém de forma independente da universidade.

Em 1887, criou-se o laboratório de pesquisa tecnológica nos EUA, em Menlo Park, e a partir daí tais laboratórios foram difundidos pelo mundo, com a função de desenvolver a inovação tecnológica.

Em 1928, Whitehead inaugurou a Business School da Harvard University, e no seu discurso estabeleceu o conceito de universidade como núcleo de progresso, implantando o conceito de serviços à sociedade e interação com a indústria.

A universidade tem o papel básico de gerar e difundir o conhecimento e ampliar as fronteiras da ciência, estabelecendo pontes com o setor produtivo (interação universidade-empresa) e com a sociedade. Acontece que essa interação com o setor produtivo é muito pequena, fazendo com que a pesquisa se situe no âmbito da pesquisa básica e não da pesquisa tecnológica, que é a geradora de patentes, não se caracterizando portanto como foco empresarial, dificultando a inclusão da ciência e da tecnologia no contexto empresarial. Também, a ausência de gestão ao pesquisador, deixando-o escolher o objeto da pesquisa, criou um certo distanciamento histórico entre o pesquisador e a pesquisa tecnológica, pois esta exige prazos e resultados, enquanto na pesquisa científica não se tem essa exigência de mercado.

3.3 O PAPEL DO SETOR PRODUTIVO

É a organização que exige a inovação como estratégia de sua sustentabilidade permanente. Nos EUA, mais de 50% dos cientistas trabalham nos laboratórios industriais das empresas privadas, e no caso brasileiro esse número se reduz a 11%, o que bem demonstra a existência de distorções.

Projetos de inovação são de alto risco, o que tem sido uma forte barreira para as empresas, uma vez que não há uma cultura de financiamento favorecido, que ampare um projeto inovador, geralmente de alto grau de imprevisibilidade.

Em 2002, a Finep coordenou uma pesquisa junto ao setor produtivo, apurando-se que 96% dos executivos industriais brasileiros consideram a inovação tecnológica necessária e que a principal estratégia tecnológica seria a aquisição de máquinas e equipamentos; 50% deles declararam ainda que as suas empresas não têm capacidade técnica e financeira para investir em inovação.

A inovação deve ser incorporada ao setor produtivo como uma estratégia, de forma contínua, e deve ser organizada para implantar e criar diferenciais competitivos.

3.4 O PAPEL DO GOVERNO

O governo deve prover recursos de forma contínua ao desenvolvimento científico e tecnológico, por meio de mecanismos e instrumentos de natureza fiscal e financeira e suporte tecnológico e gerencial ao setor produtivo, contribuindo para:

a. formação de recursos humanos qualificados;
b. financiamento favorecido para o setor produtivo que investe em desenvolvimento tecnológico;
c. criação de redes de conhecimento;
d. apoio às exportações das empresas brasileiras;
e. apoio à indústria de base tecnológica com o poder de compra governamental;
f. regulamentação dos sistemas de marcas e patentes.

O jeito brasileiro de gerenciar a ciência e tecnologia trouxe como conseqüência que 60% dos financiamentos à pesquisa são feitos com recursos públicos, ao passo que nos países desenvolvidos é o inverso, com a iniciativa privada respondendo com até 80% dos recursos, como é o caso dos EUA.

CAPÍTULO 4

Inovação Tecnológica

4.1 CONCEITOS BÁSICOS

Chama-se de invenção o ato de criar uma nova tecnologia, processo ou um objeto, ou um aperfeiçoamento de tecnologias, processos e objetos preexistentes. O termo distingue-se de descoberta, que é a aquisição de um conhecimento novo "por acaso" ou sem um esforço determinado; a invenção é fruto de um trabalho árduo e focado em desenvolver soluções para um problema.

As invenções podem ser práticas e contribuir para o desenvolvimento de várias tecnologias ou podem aplicar-se somente a um campo específico. Algumas invenções interessantes: o extintor de incêndio, o Band-Aid, a bola, o fax, o fogão, a moeda, a geladeira, entre inúmeras outras. Algumas invenções podem ser contabilizadas como notáveis: a bomba atômica, o motor elétrico, o parafuso, o avião, o rádio, o radar, o raio laser, o telefone, a lâmpada, entre outras.

O responsável por invenções é chamado inventor. Quando o inventor deseja guardar exclusividade acerca do mecanismo ou processo do novo invento deve patentear, ou seja, registrar uma patente do produto.

Para que um invento possa ser patenteado é necessário que o inventor atenda aos requisitos de novidade, atividade inventiva e aplicação industrial. O titular da invenção é o único que pode, por um período determinado, produzir, utilizar ou vender o produto ou processo patenteado.

Pode requerer patente qualquer pessoa física ou jurídica. O prazo de validade de uma patente depende da modalidade a ser requerida:

P.I. – Patente de Invenção: 20 anos;

M.U. – Modelo de Utilidade: 15 anos;

D.I. – Desenho Industrial: 10 anos + 15 anos (renovação).

Desenho Industrial – toda forma plástica que possa servir de tipo de fabricação de um produto industrial e ainda se caracterize por nova configuração ornamental ou toda a disposição ou conjunto novo de linhas ou cores que, com fim industrial ou comercial, possa ser aplicado à ornamentação de um produto, por qualquer meio manual, mecânico ou químico, singelo ou combinado.

Modelo de Utilidade – disposição ou forma nova, obtida ou introduzida em objetos conhecidos, desde que se preste a um trabalho ou uso prático.

Patente de Invenção – quando uma invenção é considerada nova, não compreendida pelo estado da técnica. O estado da técnica é constituído por tudo que foi tornado acessível ao público, seja por uma descrição escrita ou oral, seja por uso ou qualquer outro meio, inclusive conteúdo de patentes no Brasil e no exterior.

Criatividade, invenção e inovação devem ser bem definidas:

- **Criatividade** é o produto do ser humano, enquanto gerador de novas idéias, conceitos ou teorias.
- **Invenção** é um passo, no qual se delineia um produto, processo ou protótipo resultante da combinação de idéias em que uma, pelo menos, é inteiramente nova, ou em que o modo como essas idéias estão combinadas é totalmente novo, produto da criatividade.
- **Inovação** é a transformação de idéias e/ou utilização de invenções, de que resultam aplicações úteis conducentes a melhoramentos.

Assim, a criatividade existe no universo das idéias, em que os **processos** são **cognitivos**; a invenção, no universo das tecnologias, em que os **processos** são **tecnológicos**; e a inovação, no universo dos mercados, em que os **processos** são **organizacionais**. Uma idéia só se transforma em uma invenção se puder gerar algo que funcione, que tenha

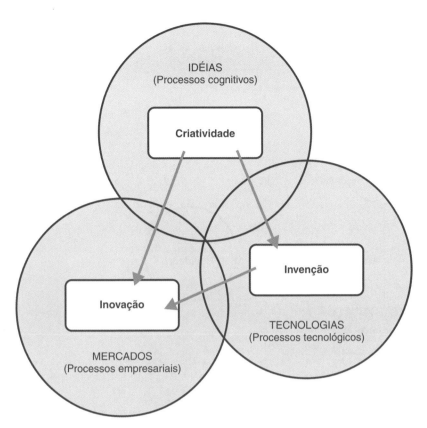

FIGURA 4.1 Conceitos de criatividade, invenção e inovação

aplicação prática; uma invenção só se torna uma inovação se puder ser implementada com sucesso.

A inovação é o processo de transformar boas idéias em produtos e/ou negócios.

Modelo sociológico

"O que se denomina inovação não é o resultado de um indivíduo isolado, mas o produto de três forças: um conjunto de estruturas sociais (campo) que, de entre as variações produzidas por indivíduos, seleciona as que devem ser preservadas; um domínio cultural estável, que preserva e transmite as idéias selecionadas às gerações seguintes; e a pessoa, que promove uma mudança no domínio, que o campo aceita como inovadora. A inovação é um fenômeno que resulta da interação desses três sistemas." (CSIKSZENTMIHALYI, 1996)

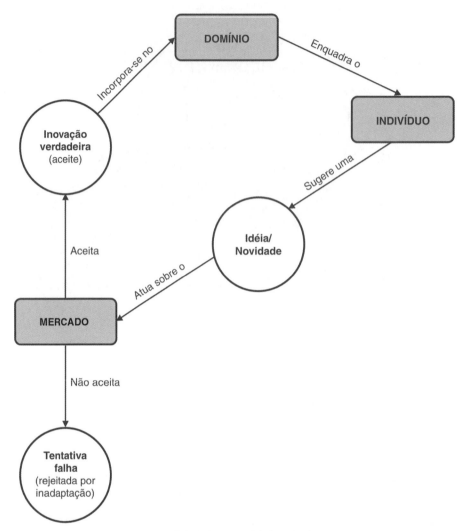

FIGURA 4.2 Modelo sociológico da inovação

Nessa definição encontram-se os elementos sociológicos básicos: o mercado, o domínio e o indivíduo. A inovação bem-sucedida provoca uma mudança no domínio que é reconhecida pelo mercado. Assim, ela acabará por ser englobada no domínio e deixará de ser uma inovação, passando a ser uma realidade. A função do mercado é avaliar e selecionar, ou controlar a geração de idéias pelo(s) indivíduo(s). Só é inovação aquilo que sai do domínio.

Estabelece-se assim que a inovação é algo transitório entre a novidade e a tradição: a partir do momento em que uma idéia criativa se transformou numa inovação real, iniciou-se um processo de assimilação da inovação que, no tempo, se torna de uso corrente.

> **Qualidade é a capacidade de igualar ou mesmo ultrapassar as expectativas do consumidor.**

Então, com um conhecimento mais objetivo das expectativas e percepções do consumidor, pode-se conceder aos produtos essa capacidade de satisfazer melhor as expectativas do mercado, em que as expectativas hoje criadas se tornam as expectativas que o consumidor terá no futuro, e aqui a inovação é a força motriz.

A qualidade de um produto reconhecida pelo consumidor confere-lhe um importante elemento de diferenciação, mas com o tempo as suas vantagens comparativas vão se reduzindo pelo desenvolvimento dos mercados e pela atividade da concorrência. Temos que questionar continuamente o modo como a organização vê o seu futuro. Como se pode fazer melhor aquilo que é feito hoje? Que novos segmentos de mercado se avizinham no horizonte? Como os satisfazer? Como oferecer aos consumidores produtos e/ou serviços que tenham um maior valor pelo qual eles estejam dispostos a pagar?

Esses "valores agregados" definem os contornos da palavra "qualidade" no produto e/ou serviço em questão: garantia da qualidade, facilidade de utilização, satisfação de necessidades, expectativa de saúde e bem-estar, custo × benefício da utilização etc.

4.2 A INOVAÇÃO E A COMPETITIVIDADE

A tecnologia é um conjunto de conhecimentos práticos, aplicáveis e teóricos, de métodos, procedimentos, diretrizes, experiências, dispositivos e equipamentos, relacionados a um dado produto ou serviço, que definem as possibilidades de produção de bens e serviços para o atendimento de necessidades da sociedade.

O progresso técnico em uma determinada trajetória tecnológica estabelece aspectos cumulativos, proporcionando avanços tecnológicos que impulsionam empresas e nações. Somente alterações econômicas, científicas e sociais podem determinar a obsolescência de determinadas trajetórias tecnológicas, pelo processo de seleção de novas tecnologias.

Como a chave da gestão moderna é a de se obter lucros sustentados e perenes ao se produzirem produtos e/ou serviços de qualidade a preços competitivos, em um mercado globalizado a organização estará diante de um cenário de elevada competitividade, em que se faz necessário o domínio completo da tecnologia. E, para que uma organização possa competir em mercados globalizados de elevada competitividade, algumas exigências se fazem necessárias, envolvendo a administração dos fatores determinantes da competitividade, também denominados **fatores organizacionais, fatores sistêmicos** e **fatores infra-estruturais**.

Os fatores organizacionais são aqueles em que a organização possui domínio e decisão: dependem da gestão, da inovação, dos recursos humanos e da capacidade produtiva. Os fatores sistêmicos são aqueles externos à organização, sobre os quais a alta administração não pode intervir. São eles: a macroeconomia, a política, a atividade de regulação, os aspectos legais, a estrutura social e a dinâmica internacional. Os fatores infra-estruturais conformam o ambiente competitivo, envolvendo a configuração do setor, o grau de sofisticação tecnológica, a distribuição geográfica e o regime de incentivos.

O elemento básico, o fundamento da análise da competitividade é a organização e suas áreas de competência e de domínio. A área de gestão compreende as atividades de suporte e decisão; as atividades de produção dizem respeito às máquinas e equipamentos; os recursos humanos envolvem o conjunto das relações de trabalho, e, por último, a área de inovação compreende as atividades de pesquisa e desenvolvimento de processos e de produtos e transferência de tecnologia.

Para que a organização brasileira possa dispor de produtos competitivos no mercado global, é preciso que ela incorpore inovações tecnológicas, e de forma permanente. Se essas inovações não forem desenvolvidas, terão de ser adquiridas por licenciamento e pela transferência do exterior, o que forçosamente implica pagamento de *royalties*, o que contribui para o déficit de nossa balança comercial.

Países como Japão, EUA, Taiwan e Coréia demonstram que investir em inovação tecnológica traz retornos pela abertura de novos mercados, geração de divisas para o país, e promove a continuidade de resultados para a organização. Passou, então, a pesquisa tecnológica a determinar o futuro dos negócios, que emana de sua cadeia de valor, dos seus fornecedores e dos clientes. Trata-se então de um **novo paradigma**.

Conceitua-se como inovação tecnológica o aproveitamento ou o desenvolvimento de um produto, serviço ou processo no qual exista interesse socioeconômico. A invenção é a criação de algo inexistente na natureza e que pode atender a aspectos socioeconômicos ou não.

A inovação tecnológica consiste em idéia estruturada, com objetivos predeterminados, e que busca um diferencial competitivo, quando uma organização se programa em um processo de inovação, pela implantação da pesquisa e desenvolvimento, da idéia ao mercado ou do mercado (identificação de oportunidade/necessidade) até o desenvolvimento. Muitas organizações inovam por mero acidente, quando um funcionário propõe uma idéia para um produto ou serviço. Para se inovar, há necessidade de um planejamento, um método para apoiar o processo de administração das idéias, uma vez que o segredo para uma inovação transformadora não é se ter um número fantástico de idéias, mas sim a melhor idéia.

A inovação tecnológica é o principal fator do crescimento econômico no mundo industrializado. Como aborda Michael Porter (1996), nos dias globalizados, não basta a imitação de produtos ou processos de outras empresas ou mesmo copiar o que os outros fazem, pois o que vale é a diferenciação, produzindo com maior valor para os consumidores ou mesmo de igual valor que o concorrente, porém de menor custo.

O Manual Oslo (OECD, 1992), que objetiva padronizar conceitos e propor métodos para a coleta de informações sobre inovações, diferencia inovação tecnológica de atividade inovadora. Considera inovação a introdução de um novo produto ou de um novo processo. Já as atividades inovadoras foram classificadas nos seguintes grupos: P&D, Engenharia Industrial, Início da Produção, Marketing de Novos Produtos, Aquisição de Tecnologia Intangível (patentes, licenças, *know-how*), Aquisição de Tecnologia Tangível e *Design*.

O processo de inovação tecnológica é estudado por diversos campos do saber: história, sociologia, engenharia, economia e administração, uma vez que seus efeitos podem ser sentidos em vários níveis. No nível macro, seriam a sociedade e a economia; no meso, refere-se ao segmento industrial, e no micro, à empresa, que são os estudos voltados para o campo da gestão empresarial, e especialmente o papel do empresário.

4.3 O PAPEL DO EMPREENDEDOR E DO EMPRESÁRIO

O papel do empresário ou do empreendedor no crescimento econômico foi analisado por diversos autores, mas a definição clássica de sua função inovadora encontra-se em Schumpeter (1929), que confere aos empresários o papel de principal agente do desenvolvimento da sociedade. É a percepção do novo, da oportunidade de inovar, ou a combinação de fatores produtivos e sua introdução no mercado, que diferencia um capitalista do verdadeiro empresário.

Schumpeter, em seu livro *Capitalism, Socialism and Democracy*, afirma que "a inovação no capitalismo competitivo está tipicamente representada pela fundação de novas organizações". O próprio Schumpeter chegou a reconhecer que a inovação, na era de conglomerados organizacionais, em que o progresso técnico tende a se tornar automatizado, é cada vez mais impessoal.

Em um mundo globalizado, manipulado por grandes organizações oligopolizadas, cada vez mais influentes sobre um número crescente de segmentos industriais, o espaço para o inovador individual está ficando reduzido a nichos de mercado, assim como as atividades inovadoras nacionais estão diminuindo em face dos obstáculos da relação complexa entre países desenvolvidos e periféricos.

Freeman (1968) forneceu uma listagem das condições essenciais para que uma inovação tecnológica seja bem-sucedida:

a. intensa atividade interna de P&D;

b. realização de pesquisa básica ou estreitas relações com instituições que conduzam esse tipo de pesquisa;

c. uso de patentes para obter proteção e barganha com concorrentes;

d. escala suficientemente grande para financiar gastos relativamente altos em P&D, durante longos períodos;

e. períodos mais curtos que os dos concorrentes para o lançamento de novos produtos;

f. disposição para assumir altos riscos;

g. identificação cautelosa do mercado potencial e esforços substanciais para envolver, educar e ajudar os usuários;

h. capacidade organizacional suficientemente poderosa para coordenar P&D, a produção e o marketing;

i. boa comunicação com o mundo científico externo, como também com os clientes.

A inovação tecnológica em uma indústria envolve enorme quantidade de incertezas. Explorar-se-á a seguir um modelo prático da dinâmica da inovação industrial, com base em Utterback (1996), e a importância da P&D para o desenvolvimento de negócios.

■ Ação Gerencial Inovadora

O mundo passa por momentos de intensa inovação e mudanças tecnológicas. Surgem tecnologias genuinamente novas, acarretando obsolescência mais rápida e descontinuidade nas mudanças. A dinâmica da tecnologia é orientada para as necessidades econômicas. Antigamente, a tecnologia se baseava na experiência e o seu desenvolvimento era gradual e progressivo; hoje, ela se baseia no conhecimento, e o seu desenvolvimento obedece a uma progressão muito mais rápida.

Enfrentar o impacto das constantes mudanças tecnológicas, as novas linguagens, as novas disciplinas, os novos perigos e as novas responsabilidades afeta a todos os atores de maneira geral: empregados, dirigentes, fornecedores, acionistas, clientes e a sociedade. Um importante aspecto da responsabilidade gerencial é a identificação temporal com as condições mutáveis. Uma vez identificada, uma situação deve ser analisada e as alternativas desenvolvidas dentro da abordagem das metas e objetivos da organização.

Num mundo industrial, em que a velocidade com que se produzem as mudanças é cada vez maior – **a economia empreendedora** –, os empregados de qualquer nível têm a tendência de sentirem-se incapazes. A ação eficaz da governança corporativa sustentável em inovação apóia-se nos seguintes pressupostos:

a. A ação gerencial caracteriza-se pela obtenção de resultados por meio da equipe.

b. Para conseguir atingir esses propósitos o gerente exerce as funções de planejamento, organização, direção e controle, que embasam a função de direção, pela qual o gerente exerce a decisão e obtém resultados.

c. Tanto para decidir quanto para obter a cooperação da equipe, o gerente precisa saber liderar pessoas, de modo a torná-las produtivas.

d. Com a liderança, o gerente espera propiciar à equipe motivação e capacitação, de modo que haja coesão grupal e iniciativa criativa.

e. A motivação, a competência, a coesão grupal e a iniciativa individual dependem da ação do gerente.

f. Para exercer eficazmente sua ação, o gerente lança mão de instrumentos que contribuem para dar expressão cultural à organização: **reuniões**, que favorecem diretamente a coesão grupal, e a **delegação de autoridade** (*empowerment*), que desenvolve a iniciativa e a criatividade.

Além disso, poucas são as organizações que têm um sistema metodológico de captura de idéias que permeie toda a cadeia produtiva, propiciando a prática de sugestões, ou mesmo as discussões técnicas em fóruns, com documentação adequada para não se perder o conhecimento debatido. Com um sistema de TIC, pode-se documentar e avaliar as idéias quanto à sua aplicação.

Os executivos das organizações estão conscientes de que devem mudar a forma de fazer as coisas, e consideram a inovação uma prioridade, porém a maioria deles não sabe o que deve ser feito. Primeiro a organização não tem um método ou um mecanismo de apoio à inovação, e segundo os funcionários não foram preparados ou treinados para exercerem um pensamento inovador, criativo ou gerador de idéias.

A inovação é o poder de influenciar os rumos da indústria em que ela está inserida, e mesmo assim não é garantia de sucesso. Entretanto, no longo prazo, é o único fator-chave da corporação capaz de garantir o seu futuro, oferecendo capacidade de crescer de forma mais acelerada e contínua por mais tempo do que os concorrentes.

Para Peter Drucker, "inovação é o esforço para criar mudanças objetivamente focadas no potencial econômico ou social de um empreendimento", estabelecendo que a inovação é o agente da mudança e é a ferramenta-chave para o crescimento em um ambiente de competição.

Não há corporação capaz de obter lucros sustentados e perenes com a redução de custos e a reengenharia. É a inovação que produz o crescimento das receitas.

E isso pode ser resumido em gestão da inovação e da tecnologia, isto é, um ambiente que estimule a inovação, fomente o questionamento, estimule a geração de idéias, discuta os processos e procedimentos e estimule o aprendizado contínuo, sempre com o foco em resultados e lucratividade.

• CAPÍTULO 5 •

Economia Empreendedora

A estratégia do empreendedor e do gestor de inovação e tecnologia é identificar onde acontecerão os resultados sustentados da empresa, e, para esse objetivo ser alcançado, compreende a análise do seguinte roteiro de informações:

a. Análise interna da organização;

b. Análise de contexto em que a organização opera;

c. Análise da linha de produtos;

d. Análise da atividade comercial;

e. Análise contábil e do desempenho no mercado;

f. Análise do controle de custos.

A análise da organização inicia-se pelo diagnóstico organizacional, conforme já foi mencionado anteriormente, e todo o seu histórico de ações, tomada de decisões, investimentos e resultados alcançados. Já a análise de contexto estabelece uma fotografia da evolução do macroambiente e as perspectivas e tendências para o futuro que dizem respeito ao negócio.

A análise dos produtos e/ou serviços busca detalhar a contribuição de cada produto nos resultados globais, procurando compreender o estágio do ciclo de vida de cada produto.

A análise da atividade comercial envolve estudos de mercado (consumidores e concorrentes) e canais de distribuição.

A análise contábil proporciona o cálculo dos índices financeiros da organização para se conhecer a sua rentabilidade e produtividade, e a análise orçamentária procura identificar os setores de melhores resultados e onde os recursos monetários da organização foram empregados. Já a análise de desempenho no mercado procura focar o comportamento dos produtos da organização no mercado competitivo.

A análise de controle de custos procura detalhar os custos em cada atividade da cadeia produtiva da organização, identificando, por *benchmarking*, aqueles custos que estão fora de padrões aceitáveis e estabelecendo correções de rumos e diretrizes. A análise de custos deve focar todo o conjunto das atividades da organização, para que se evitem as reduções de custos que afetem as atividades essenciais da organização. Portanto, a organização deve ser focada como centro de custos e resultados. A estratégia é seguir o fluxo de custos, identificando os centros de custos importantes, como o custo do dinheiro, as matérias-primas, os custos industriais, os custos de pessoal, os custos de armazenagem e os custos de marketing. O custo mais caro é o do desperdício, pois significa esforços sem resultados, e vale aqui a pergunta: Onde se estão despendendo tempo, recursos monetários e pessoal, sem que se produza nada de útil, ou se produzam apenas resultados negativos?

De fato, os resultados decorrem de um conjunto de medidas que desembocam na atividade comercial, e, portanto, estabelecer diagnósticos para o desempenho dos produtos no mercado vem a ser uma ferramenta primordial para o empreendedor. Para esse diagnóstico, faz-se necessário categorizar os produtos de forma sistemática, que propicie a tomada de decisão e a correção de rumos, ou a intensificação/expansão ou modernização ou mesmo até a retirada de mercado. As categorias para análise são:

- Produtos de alta rentabilidade, atual e futura;
- Produtos de baixa rentabilidade, atual e futura;
- Produtos de maior rentabilidade no passado;

- Produtos especiais (lucrativos, desnecessários);
- Produtos em desenvolvimento;
- Produtos de potenciais não-aplicados.

Os produtos de alta rentabilidade atual representam uma parcela de contribuição importante para os resultados da organização e por esse motivo devem merecer estreito acompanhamento mercadológico, pela análise permanente de seus custos, das ações dos concorrentes, dos canais de distribuição, dos preços e do estágio em que se encontram no seu ciclo de vida. Todas as organizações têm o seu produto principal da atualidade, e, portanto, permanente monitoramento deve ser empreendido para que o produto não se torne o produto principal do passado. O produto principal de amanhã representa uma perspectiva, porém toda a organização precisa defini-lo, hoje. Se for o próprio produto atual, este deverá ser estudado sob diversas mudanças de *design*, de marketing, de propaganda, de embalagem e assim por diante. Se for identificada a oportunidade de se lançar um produto substituto, que seja a organização que o faça, e não o concorrente.

Os produtos de baixa rentabilidade atual e futura devem ser analisados sob a ótica de custo-benefício e produto sucedâneo. A inovação e a criatividade são as ferramentas que devem ser acionadas.

Os produtos especiais contam sempre com um mercado limitado e se constituem em nichos de inovação satisfatórios para aqueles que sejam rápidos. Geralmente a sua margem de contribuição é mais elevada, e merecem um atendimento e uma estrutura em separado. Aqueles produtos especiais de baixa rentabilidade e que não justifiquem a sua permanência na linha de produtos devem ser eliminados, ou terceirizados.

Os produtos em desenvolvimento merecem todo o cuidado e atenção da organização, pois pode ser o momento de liderança futura, ou pode ser que venham a se constituir em fracassos de mercado, por ausência ou falhas de diagnóstico.

Os produtos de potencial não-aproveitado geralmente foram aqueles que nunca mereceram um tratamento metódico da organização e não lhes foram dadas as oportunidades de recursos para uma campanha de marketing ou algum estudo de rejuvenescimento ou modernização.

Uma vez categorizados os produtos, faz-se necessário prever se a análise de contexto indicará mudanças de comportamento do mercado que possam impactar determinados produtos, especialmente se for o produto principal de hoje.

Quanto aos custos, passou a ser estratégia de sobrevivência saber adequá-los às necessidades do momento, sem contudo criar qualquer dificuldade para os setores que geram os resultados.

■ Onde Estão as Fontes de Inovação?

As fontes internas de inovação envolvem as tarefas direcionadas para o desenvolvimento de produtos/serviços/processos voltadas para as melhorias incrementais. São as atividades geradas por um centro de P&D dentro da empresa que desenvolvem ações de aprendizado, programas de qualidade e inovações de produtos, processos e organizacionais.

As fontes externas de inovação são: licenças de fabricação, aquisição de informações disponíveis no mercado, especialmente em universidades e centros de pesquisas e associações de classe, consultorias, especialmente as de qualidade e certificação ISO, e tecnologias, especialmente as embarcadas nas máquinas e equipamentos.

De um modo geral, as universidades desenvolvem a pesquisa básica, e usualmente sem incluir a viabilidade econômica assegurada, cabendo então à empresa transformar esse conhecimento gerado em produtos e processos, através do desenvolvimento experimental.

Atualmente, a principal fonte de inovação da indústria brasileira é a aquisição de máquinas e equipamentos e não as atividades de P&D. Essas tecnologias embarcadas visam ao aumento da produtividade e à redução de custos operacionais.

O acesso à tecnologia é uma função de se ter uma infra-estrutura adequada, envolvendo normas, certificação por entidades independentes, regulamentos, com a introdução de metrologia e propriedade intelectual na gestão da organização.

Denomina-se tecnologia industrial básica – TIB – ao conjunto de procedimentos voltados para analisar e normalizar os produtos e suas características, incluindo-se a metrologia, a normalização e a avaliação de conformidade.

CAPÍTULO 6

Os Setores de Inovação para a Geração de Resultados

6.1 INTRODUÇÃO

A gestão e a condução dos esforços que em nosso país objetivaram o desenvolvimento científico e tecnológico têm sido, até esta data, de iniciativa governamental, e, conseqüentemente, ocorreram em um contexto de administração pública e com a presença maciça do Estado. A breve história da ciência e da tecnologia no Brasil que indica atividades mais sistemáticas e organizadas aconteceu a partir do início do século XX.

O período posterior ao final da Segunda Guerra Mundial assistiu ao desenvolvimento de um sistema universitário no país, institucionalizando-se a pós-graduação para formar pesquisadores e recursos humanos qualificados, época em que foi criado o regime de tempo integral para que os professores pudessem se dedicar apenas às universidades e às pesquisas.

A criação de um ministério encarregado de ciência e tecnologia, em 1985, incorporou em sua estrutura o CNPq e a Finep. Posteriormente, o MCT foi transformado numa SCT – Secretaria de Ciência e Tecnologia, e recentemente readquiriu o nível ministerial. A idéia original que deveria pautar a ação do MCT era a de ser uma organização de cúpula que

54 Capítulo Seis

coordenasse atividades, formulasse a política científica e tecnológica e supervisionasse a implementação de todas as atividades de ciência e tecnologia no país que fossem apoiadas ou mantidas com verbas federais. O fato foi que o modelo de substituição de importações não estimulou o esforço tecnológico por parte do setor produtivo brasileiro.

Há outras organizações, no nível federal, que ainda devem ser mencionadas. Uma delas é a Embrapa – Empresa Brasileira de Pesquisa Agropecuária. O universo das entidades federais engloba ainda setores específicos das Forças Armadas, que foram cobertas por trabalhos especificamente voltados para a pesquisa e o desenvolvimento na área militar, e ainda empresas estatais federais, dentre as quais devem ser ressaltadas a Petrobras (Cenpes) e a Eletrobras (Cepel).

A Fundação de Amparo à Pesquisa do Estado de São Paulo – Fapesp tem se caracterizado por decisivo apoio à pesquisa acadêmica e ao treinamento em pós-graduação. A Fapesp constitui uma diferenciação no universo da administração pública brasileira.

O exemplo da Fapesp foi adotado por outros estados, como Rio Grande do Sul, Rio de Janeiro e Minas Gerais.

Retornando ao nível federal, deve-se registrar a existência de um amplo sistema universitário federal, que compreende 207 instituições de ensino público de nível superior. O sistema não é absolutamente homogêneo, e é possível encontrar desde instituições que têm papel importante para a produção científica do país e para a formação de mestres e doutores até outras que se dedicam exclusivamente ao ensino e com níveis que longe estão de ser excelentes. Igualmente heterogênea é a titulação do pessoal docente através de todo o sistema. Além dessas, o Brasil conta com mais de 1.300 instituições privadas e 350 comunitárias, conforme dados do MEC.

A parte do sistema universitário federal que inclui as universidades (UFRJ – Universidade Federal do Rio de Janeiro, UFMG – Universidade Federal de Minas Gerais, UFRGS – Universidade Federal do Rio Grande do Sul, UFSC – Universidade Federal de Santa Catarina e UFSCar – Universidade Federal de São Carlos) tem exercido importante papel para o sistema de ciência e tecnologia, na medida em que treina cientistas e tecnólogos, através de seus programas de pós-graduação *strito sensu*; são, também, agentes produtores de conhecimento, em um universo de 335 institutos e centros de pesquisa, com forte concentração geográfica no Sudeste brasileiro.

Em que pese a heterogeneidade dos sistemas universitários federal e estaduais mencionados, constitui fato importante no desenvolvimento e na consolidação de um sistema brasileiro de C&T a capacidade de articular e institucionalizar, em relativamente pouco tempo, um sistema nacional de pós-graduação *strito sensu*, literalmente inexistente no país até o final da década de 1970 e que deu passos decisivos nas décadas de 1980 e 1990. Inegavelmente, o que se conseguiu em C&T seria impossível sem a formação de recursos humanos através dos diversos programas de pós-graduação que as principais universidades brasileiras acabaram por abrigar.

Na medida em que C&T no Brasil tem sido matéria tratada predominantemente na esfera pública, há uma clara ausência do chamado "setor produtivo", o que por si só resulta em grande limitação do sistema. Ainda com relação ao setor produtivo, ele é representado predominantemente pelas empresas estatais. Adicionam-se algumas outras poucas que, se não realizam ciência, se envolvem, em níveis e graus diversos, com desenvolvimento tecnológico. É o caso da Embraer.

A razão para a pouca presença do setor privado na área de C&T tem que ser buscada na própria política industrial que norteou o processo de industrialização brasileiro, desde as origens até o momento atual. A maioria das empresas e dos ramos que estão mais vinculados à necessidade de desenvolvimento tecnológico remonta a meio século, na melhor das hipóteses. O fato que mais gerou o desinteresse do setor produtivo privado em C&T foi a política industrial de substituição de importações, que, aliada ao protecionismo e à proibição de se importar, criou uma indústria nacional absolutamente "escudada" e com um mercado cativo, panorama hoje em profunda transformação.

O que levou o setor privado a investimento em P&D – Pesquisa e Desenvolvimento foi o fato de que inovações tecnológicas levam a novos e melhores produtos e serviços e ao aumento de produtividade, apontando na direção de serem o caminho preferencial para a conquista de diferenciais de competitividade.

A política industrial brasileira começou a mudar a partir da década de 1990. É fato que tal mudança vem coincidindo com uma economia de baixo crescimento econômico.

56   Capítulo Seis

Encontra-se o país vivenciando um momento de transição na política de ciência e tecnologia, em que programas e projetos guardam menor distância das empresas privadas. A primeira política de impacto no setor produtivo foi a Política Industrial, Tecnológica e de Comércio Exterior – Pitce, que teve como objetivo fazer com que a cultura da inovação pudesse, finalmente, entrar na gestão das empresas. Outro fator importante está sendo a alteração dos formatos e financiamento, tornando-os mais flexíveis e com recursos ascendentes. É, portanto, razoável esperar que no médio e longo prazos o setor produtivo privado venha a se envolver crescentemente com dispêndios em P&D e essa via chegue a integrar e influenciar uma política nacional de C&T.

6.2 A POSIÇÃO DO BRASIL NO CONTEXTO DOS PAÍSES DESENVOLVIDOS

Desde a Revolução Industrial as diferenças de acumulação tecnológica se alargam, quando se comparam a renda *per capita*, o PIB *per capita*, a produtividade do trabalho, os registros de patentes, os artigos publicados e a participação do conteúdo tecnológico nos produtos para exportação. A mudança do conteúdo tecnológico dos manufaturados na exportação mundial duplicou em 20 anos. Um bom exemplo é o da soja: o Brasil exporta US$7 bilhões anuais, enquanto a Coréia do Sul exporta US$30 bilhões de semicondutores. Atualmente no Brasil um pouco mais de 10% das exportações brasileiras são oriundas de produtos de elevado conteúdo tecnológico, sendo 40% de *commodities* primárias (minério de ferro, soja e café).

Faz-se sentir que há uma correlação entre esforços tecnológicos e o grau de competitividade das organizações e a participação no mercado internacional de exportação de manufaturados.

6.3 A EVOLUÇÃO DO SIN NO BRASIL

O que se observa no mundo é um aumento da participação no PIB de produtos de alta tecnologia em detrimento dos produtos primários.

Há uma vinculação reconhecida de que os gastos em P&D impactam no aumento de PIB e proporcionam melhor bem-estar social ao país. Esse fato indica que as empresas e o crescimento da participação de um país no cenário internacional estão correlacionados com o esforço e investimentos no sistema de inovação tecnológica.

No Brasil, os recursos são ainda em sua maior fatia canalizados via universidades e institutos de pesquisa, que tradicionalmente não produzem inovações e patentes, mas sim artigos. Já nos países desenvolvidos, os recursos são priorizados para as empresas, que investem em desenvolvimento tecnológico para a sua sustentabilidade e sobrevivência. Como já frisamos, os pesquisadores brasileiros são especializados em produzir artigos científicos, enquanto o número de patentes continua muito baixo.

O pouco investimento em inovação tecnológica nas empresas brasileiras está fazendo com que os nossos produtos manufaturados não sejam competitivos no mercado internacional, embora ocorram exceções, como as exportações de aviões, por exemplo.

O mais preocupante porém é que as inovações tecnológicas estão concentradas em alguns segmentos industriais, cujo forte instrumento foi em aquisição de máquinas e equipamentos, isto é, em melhoria de processo, e não em desenvolvimento de produto (novo ou aperfeiçoamento).

No Brasil, a criação dos fundos setoriais/FNDCT trouxe recursos significativos para universidades e centros de pesquisas, resultando em reforço importante para as atividades de P&D. Entretanto, esses recursos são em sua maior fração utilizados em pesquisa básica, que é a tarefa principal das universidades. As atividades de pesquisa tecnológica ainda não estão sendo contempladas com recursos diretos para as empresas.

A Finep estabeleceu algumas linhas de atuação que representaram um significativo avanço na forma de gestão dos recursos dos fundos setoriais, contemplando os seguintes Programas:

- Proinfra – Programa de Modernização da Infra-Estrutura das Instituições Científicas e Tecnológicas (ICT);
- Modernit – Programa Nacional de Qualificação e Modernização dos Institutos de Pesquisa; visa à reestruturação dos institutos de pesquisa tecnológica, pela recuperação de sua infra-estrutura de pesquisa, equipamentos e quadros técnicos;
- Rede Brasil de Tecnologia (RBT) – tem como objetivo propiciar articulação entre as diversas áreas do governo federal, com as universidades, empresas privadas e agentes financeiros;

58 Capítulo Seis

- Progex – Programa de Apoio Tecnológico à Exportação, visa levar o conhecimento das universidades e institutos de pesquisas para as empresas. O objetivo central é gerar novas empresas exportadoras ou ampliar a capacidade das empresas que atuam nesse mercado;
- Pappe – Programa de Apoio à Pesquisa em Empresas, busca financiar atividades de pesquisa e desenvolvimento tecnológico de produtos e processos inovadores realizados por pesquisadores que atuem de forma direta ou em cooperação com empresas de base tecnológica. O apoio financeiro é dado ao pesquisador.
- PNI – Programa Nacional de Incubadoras e Parques Tecnológicos, que objetiva dar apoio à consolidação de incubadoras de empresas e parques tecnológicos, através de editais em parceria com as FAP estaduais;
- Projeto Inovar, que objetiva promover o desenvolvimento tecnológico das pequenas e médias empresas de base tecnológica, com capital de risco;
- Bolsa RHAE, programa que concede bolsas-de-estudos a empresas ou instituições de ensino que realizam atividades de desenvolvimento científico e tecnológico; funciona por chamadas públicas, publicadas nas páginas do CNPq.

Um grande ator embarcou no sistema de inovação e tecnologia. É o BNDES, órgão que até o início do século XXI somente financiava empreendimentos e oferecia financiamento para máquinas e equipamentos. Recentemente, o presidente da República afirmou que o Brasil dedicará cerca de 2% do PIB para ciência, tecnologia e inovação, e evidentemente haverá necessidade de coordenação de esforços, aplicação de metodologias de gestão do conhecimento e união de competências. O BNDES passou a atuar com linhas de financiamento, denominadas mecanismos operacionais, a saber: Finem, Finame, Inovação PD&I e Inovação da Produção.

As linhas de atuação específicas para a inovação têm por finalidade apoiar projetos diretamente relacionados a esforços de pesquisa, desenvolvimento tecnológico e inovação, voltados para produtos e processos, inovações incrementais e investimentos relacionados com a capacitação e a formação de ambiente inovador, que obtiver melhor posicionamento competitivo do setor produtivo.

A vinculação entre o PIB e investimentos em P&D demonstra quanto da riqueza nacional é aplicado nessas atividades. A OECD, através do Manual Frascati, estabeleceu uma metodologia para aferição desses dados, possibilitando comparações de desempenho entre países, permitindo assim situar o Brasil em relação aos demais. A sigla ACTC afere as atividades em C&T tais como: serviços científicos e tecnológicos, bibliotecas, arquivos, museus de C&T, jardins botânicos, levantamentos topográficos, geológicos e hidrológicos, prospecção de petróleo e gás natural, metrologia, padronização, calibração, controle da qualidade, entre outros.

O Brasil dispõe de informações suficientes sobre o esforço inovativo aplicado pelas empresas industriais brasileiras, obtidas (2002 e 2005) pela Pesquisa Industrial de Inovação Tecnológica – Pintec, indicando que as empresas industriais investem anualmente em P&D cerca de 0,4% do PIB, o que demonstra uma boa participação no global, embora se saiba que essa presença é concentrada em grandes empresas industriais, pois os investimentos são feitos com recursos de caixa, e, obviamente as pequenas e médias empresas, têm dificuldades para exercer idêntica diretriz.

Vale ressaltar que o Brasil já dispõe de experiências muito bem-sucedidas em Programas Mobilizadores de Capacitação Tecnológica, a exemplo do Procap – Programa de Capacitação Tecnológica em Águas Profundas da Petrobras, do Proter – Programa de Tecnologias Estratégicas do Refino, do ProAlcool – Programa Nacional do Álcool, além do Programa Aeronáutico da Embraer, os programas mobilizadores da Embrapa, fomentando o agronegócio, do Promimp – Programa de Mobilização da Indústria Nacional de Petróleo e Gás e da RBT – Rede Brasil de Tecnologia.

A Lei de Inovação 11.195/2005, também denominada Lei do Bem, que traz em seu capítulo III, artigos 17 a 26, os meios em que são concedidos incentivos às empresas que investem em inovação tecnológica, com certeza representa um marco que propiciará o estabelecimento de novos rumos e diretrizes para o cenário competitivo das indústrias brasileiras e que doravante deverá resultar em prioridades dos governos, dentro das agendas política e econômica, constituindo-se em forte instrumento de políticas públicas e promovendo o choque da inovação e da tecnologia no mundo empresarial brasileiro. A empresa brasileira, que caminha na

direção da competitividade, atravessa uma fase de transição caracteri-
zada por:

a. marco regulatório, com a Lei da Inovação;
b. uma agenda de apoio financeiro e de incentivos à inovação; e
c. promoção comercial dos produtos e serviços.

Não há dúvida de que as empresas são o foco do sistema de inovação.
Investimento em inovação pressupõe riscos decorrentes das incertezas
de mercado e incertezas tecnológicas. As empresas necessitam de um
quadro institucional que aposte no risco calculado. Existem dois tipos de
empreendimentos que se utilizam de inovação:

a. Empresas Emergentes de Base Tecnológica (EEBT);
b. Empresas Existentes (EE).

As empresas emergentes de base tecnológica, que fundamentalmente
são as mais requeridas no acesso ao mercado globalizado, já dispõem de
organismos financiadores que investem capital de risco em bons projetos inovadores. Há empresas existentes para entrar em programas de
investimentos em inovação que procuram incentivos fiscais e fontes de
recursos de médio e longo prazos e especialmente aqueles que promovam
o compartilhamento, com o aparato institucional do Estado, dos custos
e riscos das atividades de P&D, que pode ser por subvenção econômica,
subsídio, encomenda tecnológica, poder de compra do Estado ou outros
mecanismos, prática universal adotada pelos países desenvolvidos.

CAPÍTULO 7

A Evolução do Sistema de Inovação Tecnológica no Brasil

7.1 INTRODUÇÃO

Segundo Castro (1996), as empresas brasileiras, por um longo período, puderam contar com benefícios de políticas públicas e de um aparelho regulatório favorável; o Estado brasileiro disponibilizou uma proteção contra produtos internacionais e favores fiscais, quando não promovia esquemas de fomento setorial. Entretanto, a instabilidade econômica devido ao processo inflacionário e endividamento do Estado acabou por desmontar as instituições públicas encarregadas de executar a política econômica do país. As políticas de intervenção ativa, de indução de fomento, como as do comércio exterior, tributária, de infra-estrutura, industrial e tecnológica, foram vítimas da falta de recursos, como conseqüência dessa conjuntura.

O mesmo ocorreu nas áreas científica e tecnológica, o que acentuou a defasagem tecnológica em função de que, no mesmo período, se intensificaram os esforços dos países desenvolvidos, promovendo-se uma ampliação do hiato tecnológico do setor produtivo brasileiro.

Como mostra a Tabela 7.1, enquanto no Brasil os dispêndios em P&D, avaliados como proporção do PIB, estiveram, na última década, em um patamar entre 0,76% e 1,37%, os dos países desenvolvidos sempre es-

62 Capítulo Sete

TABELA 7.1 Dispêndios de P&D em Relação ao PIB em Países Selecionados

Em US$ bilhões de 1995

País	P&D/PIB (%)	País	P&D/PIB (%)
Brasil (95)	0,88	Japão (93)	2,70
Argentina (94)	0,31	Alemanha (93)	2,50
México (93)	0,32	França (93)	2,40
Venezuela (94)	0,34	Reino Unido (93)	2,20
Estados Unidos (94)	2,50	Canadá (94)	1,50

tiveram acima de 2,20%, isto é, dispêndios sempre superiores aos do Brasil.

A importância da tecnologia para garantir a sobrevivência das empresas brasileiras, e por conseguinte do setor produtivo e, por que não dizer do país, tornou-se tão imperativa que governo, empresas e universidades passaram a adotar posturas colaborativas e mecanismos foram desenvolvidos para o fomento da capacitação tecnológica de empresas. Através do ECIB – Estudos da Competitividade da Indústria Brasileira, feito por Luciano Coutinho (sob encomenda do MCT), sobre os desafios competitivos para a indústria brasileira, Ferraz, Kupfer e Haguenauer discutiram o conceito de competitividade e os seus determinantes, associados às mudanças tecnológicas e sua repercussão no contexto do setor produtivo brasileiro. E os autores concluem:

> "O principal desafio para as empresas industriais brasileiras é consolidar e renovar competências de modo a capacitar-se a disputar posições no mercado. Os processos de acirramento da concorrência e busca de eficiência técnica e capacitação tecnológica, associados a um novo cenário de regulação das competências empresariais, constituem os eixos dessa renovação" (p. 369).

A distância entre o desempenho das empresas brasileiras e do exterior motivou o governo brasileiro a adotar uma política de modernização da indústria nacional pela elevação do nível de qualidade, produtividade e especialização, em que o governo passa a ser o principal agente articulador e estruturador da capacitação tecnológica e da infra-estrutura, fortalecendo o ambiente de pesquisa aplicada, por meio de incentivos fiscais para empresas industriais e agropecuárias que desenvolvem projetos de inovação e capacitação tecnológica, objetivando aumentar o índice de P&D sobre o PIB.

Coutinho (1994) apontou as condições desfavoráveis em que se encontra o sistema produtivo brasileiro, destacando a defasagem tecnológica que o separa dos países desenvolvidos, efetuando dois comentários, a saber:

a. A fragilidade competitiva da indústria está em todos os complexos de alto valor agregado e de conteúdo tecnológico; e

b. A debilidade estratégica e o reduzido tamanho de grandes grupos empresariais brasileiros são o futuro dessa fragilidade.

Quanto ao conteúdo tecnológico, os países mais avançados engajaram o setor industrial nos esforços de P&D, constituindo a inovação como a estratégia de sobrevivência e a conquista de posições no mercado. Enquanto isso no Brasil a participação do setor privado tem se situado ao redor de 20 a 30% das despesas em C&T, enquanto nos países desenvolvidos esse percentual se situa na faixa de 40 a 80%.

Quanto ao tamanho reduzido dos grandes grupos empresariais brasileiros, tem sido pequeno o porte quando comparado a padrões internacionais, em termos de patrimônio e faturamento anual. Ora, de forma gradual, o fator tecnologia assumiu importância estratégica no contexto industrial e ao mesmo tempo as pesquisas tecnológicas passaram a dar suporte ao desenvolvimento econômico.

7.2 CARACTERIZAÇÃO DOS AMBIENTES DE PESQUISA BÁSICA E APLICADA

7.2.1 O Ambiente de Ciência e Tecnologia

A crescente dependência do desenvolvimento tecnológico em relação ao científico tem aproximado as atividades naturais de cada um, por exemplo, a pesquisa e a produção de um bem ou de um serviço.

Para melhor compreender os dois ambientes, de pesquisa básica e pesquisa aplicada, a seguir estabelece-se uma diferenciação.

O ambiente de pesquisa básica é aquele que produz conhecimentos sem visar aplicação prática. O ambiente de pesquisa aplicada é aquele que tem por objetivo a compreensão das condições e causas do sucesso ou falha de um determinado meio de ação ou método.

7.2.2 O Processo de Inovação

O processo de inovação como o desenvolvimento de um conhecimento desde a pesquisa básica até a produção do produto, processo ou serviço pode passar a idéia de que toda inovação tem origem na pesquisa básica e percorre o mesmo caminho, até surgir um novo produto ou processo na indústria. Na realidade, o processo de inovação reduz alguns estágios, alonga ou pula outros e os entrelaça, de modo que não se pode distinguir limites. Cada etapa do processo de inovação possui suas motivações. Os institutos de pesquisa e as universidades possuem objetivos similares, como aumento do conhecimento e da capacitação técnica dos seus recursos humanos, aquisição de equipamentos, instalações e obtenção de recursos financeiros. A universidade dedica-se mais à pesquisa básica, volta-se para resultados de longo prazo, enquanto os centros de pesquisa voltam-se para a natureza aplicada da ciência, procurando resultados de mais curto prazo. Portanto, é mais natural que os centros de P&D se alinhem às empresas na geração de inovações.

7.2.3 Diferenças entre os Ambientes no Processo de Inovação

Existem, basicamente, duas áreas diferentes, que se inter-relacionam, num processo de inovação: o da ciência e o da tecnologia. Quatro aspectos serão aqui apresentados para caracterizar suas diferenças:

a. A relevância dos fatores sociopolíticos e econômicos.
b. Os executores das atividades.
c. O sistema de reconhecimento e de avaliação.
d. Os consumidores e a utilização dos resultados gerados.

▪ A Relevância dos Fatores Sociopolíticos e Econômico

A pesquisa básica é neutra e atemporal, com vistas à expansão do conhecimento dos pesquisadores e à exploração de novos princípios. A pesquisa aplicada e o desenvolvimento experimental dependem do momento pelo qual seus ambientes estão passando, uma vez que seus objetivos são relacionados com a solução de problemas práticos, geralmente ligados ao setor industrial.

◾ Os Executores das Atividades

Os executores da pesquisa são as universidades, os centros de pesquisa e os laboratórios industriais. Essa atividade em geral tem o Estado como principal financiador.

◾ O Sistema de Reconhecimento e de Avaliação

Enquanto a comunidade de pesquisa básica preza a identificação com o grupo pela difusão de artigos e trabalhos, o meio de pesquisa aplicada prefere a divulgação de resultados que já estejam patenteados, e, nesse caso, o reconhecimento pode demorar mais tempo. A avaliação do meio da pesquisa básica se dá pela divulgação e apreciação dos trabalhos em publicações, conferências e redes informais de comunicação. Já as atividades da pesquisa aplicada são avaliadas através dos testes e resultados junto ao público consumidor.

◾ Os Consumidores e a Utilização dos Resultados Gerados

O público-alvo da pesquisa é a comunidade que gera, que pode utilizar os conhecimentos como melhor lhe aprouver, sem estar condicionada à autorização de quem os gerou.

Na área da pesquisa aplicada, o resultado constitui uma mercadoria de alto valor, representando objeto de transações comerciais entre empresas e países, aumentando-lhes o poder de barganha no âmbito político.

7.2.4 O Papel do Governo como Promotor do Ambiente de Inovação

Do ponto de vista microeconômico, qualquer decisão empresarial é baseada em informações que levam em consideração projeções para o futuro, jogando com as probabilidades de sucesso e de falha. Em projetos que têm a inovação, essa incerteza e seus riscos associados se tornam críticos.

No nível macroeconômico, pode-se dizer que o sucesso de uma inovação depende do ambiente no qual ela está inserida. Assim, o governo assume o papel principal como a instituição que coordena, regula e promove a pesquisa básica e as políticas de C&T.

A fim de conseguir maior participação do setor privado, o governo pode oferecer mecanismos como: isenção de impostos, subsídios financeiros, tarifas alfandegárias, política de patentes, entre outros.

O governo possui uma rede de agências de fomento à pesquisa e desenvolvimento, que atuam de forma diferenciada. Nas áreas de petróleo, biotecnologia, física nuclear e doenças tropicais, os recursos são de empresas estatais. Nas áreas de saúde e ciências biológicas, os recursos estão nas universidades públicas.

Dahlman e Fritschtak (1990) destacam exemplos de atuação em que a interação fluiu de forma adequada, com resultados de nível internacional, como é o caso do IPT, em tecnologia de minérios e da Embrapa na área de tecnologia agrícola, que estabeleceram fortes laços entre o setor público e as indústrias.

Quanto ao setor industrial privado, segundo Goldemberg (1990), "em face do protecionismo reinante até o final da década de 1980, gerou um limitado esforço na geração de tecnologias próprias".

7.3 ARCABOUÇO DE ANÁLISE DA DEFASAGEM TECNOLÓGICA

O arcabouço utilizado para se analisar a defasagem tecnológica brasileira baseia-se na existência de categorias de elementos de mudança e variáveis que influem no contexto da interação: globalização, os fundamentos da competitividade, a dinâmica da inovação, a importância do empreendedor, o papel da engenharia e a tecnologia gerencial.

7.3.1 A Globalização

A globalização está sendo utilizada como significado de um conjunto de mudanças que influem nas economias modernas e que se traduzem em manifestações em diversos níveis, tais como as transformações das forças produtivas, das relações de produção, dos sistemas políticos e dos sistemas ideológicos e socioculturais.

É claro que para entender essas transformações que estão ocorrendo na estrutura dos sistemas produtivos é necessário conhecer e definir com precisão a natureza das mesmas. A luta pela competitividade assume importância nuclear em face da integração das economias, da aplicação da microcomputação, da abertura dos mercados e da planetarização da produção.

7.3.2 Os Fatores da Competitividade

■ **Conceito de Competitividade**

A competitividade depende da capacidade criativa e inovadora da empresa, fato que canaliza os esforços da alta gerência em manter uma equipe de funcionários em regime de contínua capacitação profissional.

A competitividade é uma realidade do mundo contemporâneo, influenciada pelas rápidas transformações tecnológicas e pela mundialização do capital e das economias. Uma empresa, uma indústria ou um país devem compreender esse novo cenário e se adequar para o enfrentamento da construção da competitividade e os inúmeros desafios que essas mudanças acarretarão no tecido econômico e social.

Ferraz, Kupfer e Haguenauer definem assim os fatores determinantes da competitividade:

- Fatores endógenos ou empresariais
- Fatores estruturais
- Fatores macroeconômicos ou cinemáticos

Os **fatores endógenos ou empresariais** podem ser definidos como aqueles que estão sob processo decisório dos acionistas e executivos da empresa, e incluem as seguintes variáveis:

- A capacidade de gestão: administração, planejamento, finanças e marketing.
- A capacidade de inovação: processo, produto e transferência de tecnologia.
- A capacidade produtiva: técnicas organizacionais, qualidades, produtividade.
- A capacitação dos recursos humanos: qualificação, treinamento e flexibilidade.

Os **fatores estruturais** seriam aqueles que, embora fora do controle da empresa, estão sob sua influência e incluem as seguintes características:

68 Capítulo Sete

- As forças dos mercados consumidores: taxa de crescimento, distribuição geográfica e outros requisitos impostos aos produtos.
- Perfil da empresa e o seu segmento: progresso técnico, ciclo de produto e processos, intensidade de P&D, concentração econômica, verticalização.
- Os concorrentes: barreiras à entrada e à saída, rivalidade e regulação.

Os **fatores macroeconômicos ou sistemáticos** seriam aqueles que pertencem ao ambiente em que a empresa interage, seja no âmbito regional, nacional ou internacional, e incluem os seguintes parâmetros:

- Os político-institucionais: política tributária e o poder de compra do governo.
- Os registros ou legais: propriedade intelectual, defesa do consumidor, defesa da concorrência e controle do capital estrangeiro.
- Os ecológicos: proteção ambiental.
- Os sociais: educação, qualificação de mão-de-obra, legislação trabalhista e previdenciária.
- Os tecnológicos: política e tecnológica, metrologia e normalização e informação tecnológica.
- Os macroeconômicos: taxa de câmbio, carga tributária, taxa de juros, política salarial, crescimento do PIB e oferta de crédito.
- Os infra-estruturais: custos de energia, transporte e telecomunicações, insumos básicos e serviços de engenharia.
- Os internacionais: fluxos de capital, investimentos de riscos e acordos internacionais.

Não é fácil conseguir vantagem competitiva no cenário internacional. Deve-se aliar às vantagens conquistadas e/ou oferecidas pelos fatores sistemáticos as vantagens competitivas cumulativas dos fatores internos da empresa em conformidade com os fatores estruturais disponíveis. Entretanto, a velocidade de transformação da sociedade faz com que a empresa tenha na capacitação gerencial o foco do sucesso do seu negócio.

No Brasil, a estrutura industrial é heterogênea, e as empresas estrangeiras atuam nos mais diversos segmentos. Com a privatização, as empresas estatais saíram do mercado, e os grupos privados nacionais possuem dimensões muito pequenas, quando comparadas com o porte das empresas multinacionais. A análise do faturamento das empresas multinacionais contra as empresas nacionais pode ser um dos caminhos que demonstra a defasagem tecnológica da empresa brasileira.

A elevação do conteúdo tecnológico no processo de desenvolvimento de produtos dos países desenvolvidos acentuou a defasagem tecnológica em relação aos países em desenvolvimento, uma vez que o suporte e apoio à C&T constitui um dos pilares das políticas industriais dos países desenvolvidos.

Os esforços das empresas líderes para criar um novo sentido de valor ao seu produto, como vantagem competitiva, passou a ser um novo paradigma do mercado competitivo.

Segundo Sbragia (1997), são seis as tendências na gestão moderna quanto à implantação de um grupo de P&D dentro de uma empresa:

1ª Inserção do componente tecnológico no planejamento corporativo de longo prazo;

2ª Formulação e explicitação de estratégias tecnológicas;

3ª Descentralização da função tecnológica;

4ª Estímulo à interface P&D e marketing/produção;

5ª Valorização da figura do empreendedor dentro da empresa;

6ª Procura por novos métodos de avaliação dos resultados de P&D.

Para que as organizações possam adquirir o status de sustentabilidade perene, é fundamental que seus acionistas e gestores estejam antenados com o mercado competitivo global, pois não mais se pode impedir que empresas estrangeiras atuem com seus produtos e serviços nos mercados locais. Portanto, o novo paradigma exige visão de classe mundial, independentemente do porte da organização.

7.3.3 A Dinâmica da Inovação

Uma das características típicas da dinâmica da inovação é quando surgem um produto inicial e um mercado em torno do produto. Isso alimenta a entrada de concorrentes com novas versões sobre o produto. Nessa fase, nenhuma empresa detém a liderança do mercado, uma vez que os

70   Capítulo Sete

produtos ainda carecem de melhoramentos e nenhuma das empresas montou um sistema ou um canal de distribuição consolidado, bem como os clientes ainda não desenvolveram um conceito sobre o produto. É o que se denomina fase fluida de desenvolvimento.

Esse contexto é bastante favorável para o surgimento de novos entrantes, desde que as barreiras ao capital intelectual e capital físico não sejam elevadas. Aqui, ocorrem mudanças e os resultados ainda são incertos.

Na fase fluida do desenvolvimento de uma tecnologia, o risco é alto e a taxa de mudança no produto é alta. A tecnologia desenvolvida ainda não está consolidada, porém já atende a determinados nichos de clientes, bem como as empresas ainda não possuem uma idéia clara sobre o instrumento em P&D a aplicar. A inovação do produto e suas sucessivas mudanças e aperfeiçoamentos impedem o desenvolvimento de uma inovação de processo. O desempenho do produto constitui então o foco da empresa para o mercado competitivo. Quando o mercado para esse produto cresce, então entra-se na fase transitória do desenvolvimento, já que existe aceitação do mercado, e nesse novo contexto há condições para que exista um projeto dominante, claramente divulgado entre os clientes, fornecedores e concorrentes.

O modelo para exame da dinâmica da inovação utilizado é o de William Abernatty (1994), da Harvard Business School, que descreve a mudança de ritmo da inovação do produto e do processo e a considera dentro do contexto de negócios. E, segundo Utterback (1994), o modelo descreve a mudança de ritmo de inovação do produto e do processo e a considera dentro do contexto das características orientadas para os negócios.

■ Inovação do Produto

Vários estudos mostraram que o critério de desempenho que serve como base para a concorrência passa de uma condição maldefinida e incerta para uma outra bem-articulada. Ao mesmo tempo, ocorrem uma redução na taxa de mudança e um aumento na taxa de inovação do produto. Quando os aperfeiçoamentos ficam mais difíceis e os usuários fixam preferências, surge a padronização, e as empresas tentam maximizar as vendas.

Inovação do Processo

Os processos utilizados para produzir o novo produto oriundo de uma nova tecnologia passam por diversas fases. No início, esses processos são primários e as ferramentas são de uso genérico. À medida que a taxa de inovação do produto diminui, a taxa de inovação do processo aumenta. Na fase específica, a ferramenta e a mão-de-obra são especializadas, e a produção geralmente é de massa ou semicontínua (Figura 7.1).

O processo de inovação envolve desde a pesquisa básica até o produto ou serviço colocado no mercado. Os agentes envolvidos nesse processo são: universidades, centros de pesquisa, indústria e governo, cada um com sua motivação e sistemática de financiamento próprias.

A pesquisa é tarefa da universidade, na busca do conhecimento. Geralmente tem o Estado como principal financiador. O desenvolvimento experimental de engenharia geralmente é de responsabilidade do setor produtivo.

Por ser a pesquisa a interface entre atividades científicas e tecnológicas, cada país encontra a sua forma de atuação, uma vez que de um modo geral não é missão de nenhum organismo específico. Nos países desenvolvidos, a empresa busca a inovação para atender às necessidades dos consumidores cada vez mais exigentes em relação dos serviços e dos produtos, para melhoria da qualidade e para redução de custos operacionais.

No exame da dinâmica da inovação, constatam-se a diferenciação e a ambiência da pesquisa entre básica e aplicada.

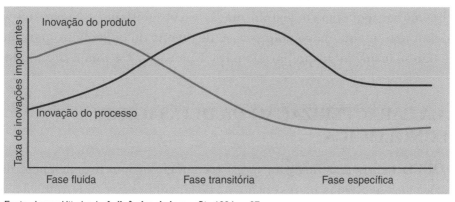

Fonte: James Utterback. **A dinâmica da inovação**. 1994, p. 97.

FIGURA 7.1 A dinâmica da inovação

7.3.4 A Importância do Empresário e do Empreendedor

O vocábulo universalmente utilizado para definir e designar o indivíduo que empreende e cria o seu próprio negócio é *entrepreneur*, vocábulo de origem francesa que deu origem ao termo *entrepreneurship*, que significa a área do conhecimento que estuda os aspectos gerenciais à constituição de uma nova empresa por um grupo de indivíduos.

Foi Joseph Schumpeter quem deu a maior importância à figura do *entrepreneur*, definido que o seu perfil seria o de realizar novas combinações, isto é, inovações, seja por um novo método de produção, um novo bem, um novo mercado, uma nova fonte de matéria-prima ou uma nova técnica de organização empresarial.

O papel do empreendedor é o de transformar o conhecimento em algo útil para a sociedade, por meio da produção de produtos e/ou serviços. A ligação do empreendedor com o ambiente da pesquisa da universidade tem propiciado os *spin-offs*, isto é, empresas de base tecnológica, que se constituem atualmente em empresas emergentes fundamentadas no conhecimento. São as incubadoras de empresa e parques tecnológicos os locais em que se abrigam essas organizações, de um modo geral próximas de uma universidade ou mesmo dentro de seu campus.

7.3.5 O Papel da Engenharia

É o engenheiro que transforma a pesquisa em protótipo para testes e produção comercial, atividade denominada desenvolvimento, até chegar ao produto final disponibilizado ao mercado.

O desenvolvimento rápido de novas tecnologias e da ciência pode trazer como conseqüência a desinformação e o obsoletismo, que por sua vez exigem um enfoque novo no processo de ensino do engenheiro para que ele não se forme já despreparado para a inovação e a competitividade.

7.4 A CARACTERIZAÇÃO DA DEFASAGEM TECNOLÓGICA

A OECD define a defasagem (*gap*) tecnológica como a deficiência das nações desenvolvidas na invenção, no desenvolvimento, na produção, na comercialização e na exportação de novos produtos e serviços.

Para caracterizar esse *gap* tecnológico, utilizou-se da metodologia comparativa entre fatores apontados na publicação da Canadian Academy of Engineering, *Technological Entrepreneurship and Engineering in Canada* (1996), detalhada a seguir:

6.4.1 - *gap* do investimento em P&D sobre o PIB

6.4.2 - *gap* do investimento do setor privado em P&D

6.4.3 - *gap* do número de pesquisadores

6.4.4 - *gap* do número de engenheiros

6.4.5 - *gap* de invenções e patentes

6.4.6 - *gap* em educação empreendedora

6.4.7 - *gap* em informação tecnológica

6.4.8 - *gap* de industrialização

A seguir procede-se à definição de cada fator e a uma análise comparativa de indicadores.

7.4.1 *Gap* do Investimento em P&D sobre o PIB

Constata-se que os indicadores de países desenvolvidos estão sempre acima de 2,20% (despesas em P&D sobre o PIB), enquanto o Brasil situa-se bem abaixo, consoante dados do MCT/CNPq, seguindo orientação do Manual Camberra (OECD). Esse é o fator que melhor indica a defasagem tecnológica em que um país se situa em relação a países desenvolvidos.

7.4.2 *Gap* do Investimento do Setor Privado em P&D

Na publicação do MCT/CNPq *Indicadores Nacionais de C&T 1990-1997*, constata-se que no Brasil o governo investe muito mais em C&T do que as empresas privadas. Esse fator é utilizado para caracterizar a participação do setor produtivo no desenvolvimento tecnológico. A participação do setor produtivo em investimentos de P&D ainda é insuficiente, porém são cifras expressivas, oriundas de recursos próprios de grandes empresas brasileiras. De certa forma, concorre para a pouca interação universidade-empresa.

Do total de dispêndios em C&T, o setor produtivo participa com cerca de 45%, percentual que tem se mantido constante.

7.4.3 *Gap* do Número de Pesquisadores

O Brasil possuía em 1995 37.300 pesquisadores, segundo dados extraídos do MCT/CNPq (1996). As estatísticas do MCT/CNPq indicam que o Brasil possui 7 pesquisadores por 10.000 pessoas economicamente ativas, enquanto nos países desenvolvidos esse índice é de 47 no Canadá, 52 na França, 59 na Suíça, 61 na Alemanha, 74 nos EUA e 80 no Japão, concorrendo para a formatação da defasagem tecnológica.

7.4.4 *Gap* do Número de Engenheiros

Segundo o IBGE/PEA (1997), o Brasil possui 173 engenheiros por 10.000 pessoas economicamente ativas. Dados da NSF (1996) indicam índices de 374 na Suíça e 274 no Japão. Esses dados demonstram que o país está cerca de 50% defasado em relação aos índices de países desenvolvidos.

7.4.5 *Gap* de Inovações e Patentes

Dados do INPI apontam que 80% das patentes depositadas no Brasil são de origem estrangeira. O INPI comenta ainda que nos EUA 48% das patentes depositadas naquele país são de origens americana e canadense, 25% do Japão, 24% da Europa, e 1,5% das patentes são oriundas da Coréia, China e Taiwan. A Coréia depositou 30 vezes mais patentes nos EUA que patentes oriundas do Brasil. E no Brasil quem mais deposita patentes são pessoas físicas, e não empresas ou universidades. O Brasil registrou em 2002 no Escritório de Patentes dos EUA apenas 100 patentes, enquanto a Coréia do Sul registrava 3.500 patentes. A Petrobras é a empresa brasileira que mais registra patentes, enquanto a Unicamp é a universidade que mais registra patentes entre seus pares. Outro ponto a ser analisado é o processo de registro de patentes, que no Brasil leva em média sete anos, entre o prazo de apresentação do pedido de patente ao INPI e a obtenção desse registro. Nos EUA esse prazo é de dois anos.

7.4.6 *Gap* em Educação Empreendedora

O Canadá e os EUA lideram os programas de gestão e tecnologia. Nesses países estão implantadas as 20 maiores escolas de negócios do mundo, justamente desenvolvendo empreendedores, empresários e novos negócios.

No Brasil, a cultura empreendedora é recente, valendo-se do esforço do Sebrae e da experiência de algumas universidades, entre elas a PUC-Rio, a Coppe, a Unicamp e a UFSC. A PUC-Rio introduziu em 1996 nos currículos de graduação em engenharia e informática as disciplinas intituladas Empreendedorismo I, II e III, como pré-requisito para entrar no processo de incubação de empresas de base tecnológica. O empreendedorismo é a capacidade de criação de novos negócios, e vem sendo pesquisado pela London Business School, onde o Brasil se destaca pela capacidade de criar novos negócios, impulsionada pela necessidade de sobrevivência pessoal, e não pelo lado da criação e inovação de empreendimentos sustentados em base tecnológica ou suportados por planos de negócios.

7.4.7 *Gap* em Informação Tecnológica

O indicador apontado pelo organismo canadense é a relação entre as despesas em informação e divulgação tecnológica, divididas pelo PIB.

Os países desenvolvidos quase que dobraram o valor investido em ICT – Informação e Comunicação Tecnológica no período 1987/1994. Somente os EUA representam mais da metade das despesas mundiais em ICT, demonstrando a importância dedicada ao assunto.

7.4.8 *Gap* de Industrialização

Quanto ao *gap* da industrialização, o indicador utilizado pela metodologia canadense para comparação é o da inovação, ou seja, quanto representa, nas exportações de um país, ou no PIB, o valor de novos produtos e serviços, ou o percentual de empresas que se utilizam de novas tecnologias ou de novos equipamentos, como mostra a Figura 7.2.

7.5 COMPARAÇÃO POR INDICADORES DE COMPETITIVIDADE

Por comparações entre indicadores de competitividade, observa-se a existência de uma defasagem (*gap*) tecnológica. Os países desenvolvidos elevaram o conteúdo tecnológico dos seus produtos, e dessa forma estabeleceu-se um *gap* tecnológico em relação aos produtos dos países em desenvolvimento. As empresas líderes estão obtendo vantagens competitivas fundamentadas em sua maior capacitação tecnológica. Na práti-

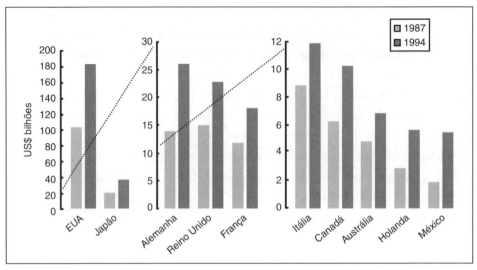

Fonte: Extraído da OECD (1995).

FIGURA 7.2 *Gap* de industrialização

ca, a transição da vantagem competitiva brasileira de recursos naturais e energia para um novo cenário focado em "base tecnológica" ainda está dificultando a inserção de produtos brasileiros no mercado internacional, pela defasagem de conteúdo tecnológico, fato já identificado pela AEB – Associação dos Exportadores Brasileiros e pela Anpei.

O IMD – International Institute of Management Development anualmente edita o *The World Competitiveness Year Book*, que analisa e estabelece um *ranking* de habilidades de nações que promoveram um contexto de competitividade para as empresas. Essa listagem é feita pela análise de quatro forças da competitividade, assim denominadas por aquele órgão:

1. Agressividade/Atratividade: presença forte no mercado internacional/criação de um ambiente que fomenta o fluxo de investimentos estrangeiros;
2. Globalização/Proximidade: gestão global de mercados/consumidor local;
3. Ativos/Processos: utilização dos recursos naturais/processos de transformação;
4. Risco/Coesão Social (desregulação, privatização): extensão em que o país foca riscos, privatização/preservação da coesão social.

Os fatores da competitividade analisados pelo IMD (1998) estão relacionados a seguir, e a posição ocupada pelo Brasil no *ranking* das nações está discriminada item por item, a saber:

- Economia Doméstica/Interna – 39ª posição
- Internacionalização da Economia (comércio exterior) – 39ª posição
- Governo (políticas públicas) – 21ª posição
- Finanças (qualidade dos serviços) – 41ª posição
- Infra-estrutura (necessidade de negócios) – 43ª posição
- Gestão das Empresas (inovação, lucratividade) – 29ª posição
- C&T (pesquisa básica e aplicada) – 37ª posição
- População (qualificação dos recursos humanos) – 37ª posição.

O IMD apresenta o quadro da competitividade mundial, e o Brasil está na 37ª posição em 1998. Quanto à capacidade científica e tecnológica, o Brasil situa-se na 36ª, com uma avaliação abaixo de 50 pontos, sendo os EUA avaliados como 100 pontos, Japão 90, Alemanha 72 e França 68 pontos. Essa é a sistemática que o Instituto qualifica e que caracteriza a defasagem competitiva entre países.

Os resultados indicam que o setor produtivo brasileiro tem dificuldades em competir com produtos produzidos por países desenvolvidos.

7.6 COMPARAÇÃO PELA ATIVIDADE CIENTÍFICA

Um dado importante para se avaliar o *gap* tecnológico é se relacionar a atividade científica e a atividade tecnológica, através da produção científica versus total de patentes depositadas no USPTO – United States Patent and Trademark Office. Trata-se de órgão considerado pelos países desenvolvidos parâmetro de aferição do desenvolvimento tecnológico, pois todos os países registram nele as patentes desenvolvidas.

A interpretação dos dados da Tabela 7.2 funciona como um indicador do grau de interação universidade-empresa no Brasil, e, conforme Cassiolatto e Albuquerque (1998, p. 67), "há razoável descompasso entre o nível alcançado pela produção científica brasileira (0,40% dos artigos científicos mundiais) e pelas inovações geradas (0,06% das patentes registradas nos EUA)". O indicador utilizado é a relação (1) sobre (2). A situação brasileira aponta um índice 10 vezes menor que o dos EUA e

Tabela 7.2 Relação entre Patentes e Artigos Científicos

País	Patentes concedidas USPTO – % do total mundial (1)	Artigos científicos – % do total mundial (2)	(1) % (2)
Japão	22,5	8,2	2,74
Coréia	0,42	0,16	2,63
EUA	53,7	35,8	1,50
Alemanha	1,42	1,19	1,19
Canadá	2,24	4,5	0,50
Itália	1,42	3,0	1,47
Brasil	0,06	0,40	0,15
Argentina	0,02	0,33	0,06
Índia	0,03	2,10	0,01

Fonte: Dados do USPTO e INPI (1991); patentes (WIPD, 1992) e artigos científicos (ISI, 1993), extraídos do livro *Interação universidade-empresa*, p. 67.

quatro vezes menor que o indicador do Canadá. Isso demonstra que o Brasil publica mas não desenvolve o patenteamento, significando que os pesquisadores brasileiros preferem o desenvolvimento científico ao tecnológico, bem como que há pouca demanda por parte do setor produtivo.

7.7 COMPETITIVIDADE ANALISADA PELO MODELO PORTER

Examinou-se a competitividade pelo Modelo de cinco Forças de Porter, que dirigem a concorrência em qualquer setor. Essas cinco forças – entrada de potenciais concorrentes, ameaça de substituição, poder de negociação dos fornecedores, poder de negociação dos compradores e rivalidade entre os atuais concorrentes – refletem, segundo Porter, que a concorrência em um setor não está limitada aos participantes estabelecidos. E são essas forças em conjunto que determinam a intensidade da concorrência e a rentabilidade. A análise da competitividade em um setor industrial por meio desse modelo demonstra que a competição ocorre entre empresas concorrentes do mesmo ramo e empresas de setores subjacentes, e o sucesso do negócio depende da forma de se articular e de se ligar com as forças que interferem e afetam todos os envolvidos.

Para enfrentar as cinco forças competitivas, Porter (1996, p. 49) enumerou três abordagens estratégicas potencialmente bem-sucedidas para superar outras empresas em um mesmo setor, a saber: liderança no custo, diferenciação e enfoque. A liderança pelo custo protege a empresa, e os menos eficientes sofrerão as pressões competitivas. A segunda estratégia é diferenciar o produto ou o serviço, criando pressões competitivas. A terceira estratégia é o foco, determinando um grupo comprador, um segmento da linha de produto, um local onde a empresa pode satisfazer melhor as necessidades de seus consumidores e *stakeholders*.[1]

Em todas essas estratégias fica evidenciado que a sofisticação tecnológica, a economia de escala, a gestão, as finanças e a qualificação dos recursos humanos são fatores essenciais para se obter vantagem competitiva.

Porter (1996, p. 154) relatou ainda que tudo o que a empresa faz envolve algum tipo de tecnologia, e qualquer uma delas pode ter um impacto sobre a concorrência. "O instrumento básico para que se compreenda o papel da tecnologia é a cadeia de valores. A tecnologia está contida em toda atividade de valor de uma empresa."

De fato, cada atividade no processo produtivo utiliza alguma tecnologia, combinando insumos e recursos humanos, com máquinas e equipamentos para produzir um produto, além de umas outras subtecnologias que estão agregadas em uma série de subprodutos e suporte, constituindo-se em um verdadeiro elo que culmina na satisfação do cliente e na tecnologia do pós-venda. A tecnologia está inserida desde os fornecedores de seus insumos até a avaliação da satisfação do seu cliente, afetando toda a cadeia de valores, influindo no preço e na qualidade do produto. Uma das dificuldades da empresa brasileira em competir no mercado internacional pode ser atribuída ao baixo índice de inovação tecnológica do setor produtivo brasileiro, que não investe em desenvolvimento tecnológico em toda a cadeia de valores, desde a aquisição de insumos, o processo de transformação, os produtos acabados e a sistemática de distribuição.

Cada atividade de valor utiliza alguma tecnologia para combinar insumos e recursos, com o objetivo de produzir bens ou serviços. E a tecno-

---

[1] *Stakeholders* são todos os atores a serem atendidos em uma empresa: acionistas, fornecedores, clientes e empregados.

logia afeta a vantagem competitiva se tiver um papel na determinação da posição do custo ou da diferenciação pela qualidade, uma vez que o processo de inovação tecnológica passou a dominar as agendas estratégicas de inserção internacional de empresas e nações.

CAPÍTULO 8

A Importância da Diferenciação

A diferenciação é um dos tipos de vantagem competitiva de que uma empresa pode dispor. O estágio em que os concorrentes em um segmento industrial conseguem diferenciar-se entre si constitui um elemento importante como fonte em potencial. De um modo geral, as organizações vêem a diferenciação em termos das práticas de marketing ou características do produto, em vez de considerarem que elas podem se originar em qualquer parte na cadeia de valores. É óbvio que as organizações se apresentam diferentes, mas não diferenciadas, porque estas são as que buscam formas de singularidade para que os consumidores possam valorizá-las e distingui-las.

8.1 FONTES DE DIFERENCIAÇÃO

Uma empresa se diferencia quando oferece alguma coisa singular e valiosa para os consumidores, além de preço baixo. A diferenciação permite que a organização possa vender um maior volume do seu produto por determinado preço ou obtenha benefícios equivalentes. A diferenciação resulta em desempenho superior ao que o consumidor espera obter.

8.2 DIFERENCIAÇÃO E A CADEIA DE VALORES

A diferenciação pode acontecer em qualquer estágio ou atividade da cadeia de valores da organização. A simples tarefa de comprar matérias-primas e outros insumos pode afetar o desempenho do produto ou do serviço e, portanto, afeta a diferenciação ou vantagem competitiva.

Atividades de desenvolvimento de tecnologia podem resultar em projetos de produtos com desempenho singular. As atividades de operações podem afetar formas de singularidade, como aparência do produto, conformidade com as especificações e confiabilidade. O sistema de logística externa pode estruturar a velocidade e a consistência das entregas.

Outros fatores diferenciadores que podem resultar de um escopo competitivo:

- Habilidade em atender às necessidades dos consumidores;
- Manutenção feita de forma eficiente, com fornecimento de peças sobressalentes originais e a tempo e esquema de garantia que funcione;
- Ser o único ponto em que o consumidor possa adquirir o produto ou o serviço;
- Produtos e serviços que promovam soluções e benefícios para os consumidores.

É comum a confusão entre o conceito de qualidade e o de diferenciação. Embora a diferenciação envolva qualidade, ela constitui um conceito mais amplo. A qualidade normalmente está associada ao produto físico, às suas características, especificações e desempenho. As estratégias de diferenciação procuram criar valor para o consumidor analisando toda a cadeia de valores, desde os insumos até a entrega.

8.3 CONDUTORES DA SINGULARIDADE

Os condutores da singularidade são as razões pelas quais uma atividade é única. Sem identificá-los, uma organização fica com dificuldade em desenvolver meios para a criação da diferenciação. Os principais condutores da singularidade são os que resultam em singularidade, e incluem: a seleção das atividades a serem executadas, o momento e a oportunidade, a localização e a conveniência e a aprendizagem.

As atividades mais corriqueiras são:

- Desempenho do produto ou do serviço;
- Serviços oferecidos (por exemplo, crédito, entrega ou reparo);
- Grau de intensidade de uma atividade;
- Nível de conteúdo de uma atividade.

8.4 O CUSTO DA DIFERENCIAÇÃO

Uma organização precisa investir para ser singular. Obter uma durabilidade para o produto pode significar maior quantidade de material ou material de maior qualidade, e a um custo mais elevado. Determinadas formas de diferenciação podem ser mais dispendiosas que outras.

Ao buscar a diferenciação, em geral uma organização afeta os condutores dos custos de uma atividade de uma forma adversa, o que pode significar aumento de custo.

A escala, as inter-relações, a aprendizagem e a oportunidade são condutores dos custos que afetam o custo da diferenciação. A escala pode determinar o custo da escolha de uma estratégia por uma organização, por exemplo, de se fazer uma intensa publicidade. Os condutores dos custos executam um papel na determinação do sucesso de estratégias de diferenciação. Uma melhor coordenação de tomada de preços, aquisições de insumos e programação da fabricação pode reduzir o custo do estoque e o prazo de entrega. Uma inspeção mais extensiva por parte dos fornecedores pode reduzir os custos de inspeção de uma empresa, ao mesmo tempo que aumenta a confiabilidade do produto.

8.5 AS FONTES DE SINGULARIDADE

Uma organização pode aumentar a diferenciação geral explorando fontes de singularidade em outras atividades de valor, visando intensificar o valor para o consumidor.

Descrições efetivas do modo como um produto funciona, de como utilizá-lo e de como prestar assistência técnica podem alinhar o uso pretendido com a utilização real.

8.6 O CUSTO DA DIFERENCIAÇÃO DEVE TORNAR-SE UMA VANTAGEM COMPETITIVA

Uma organização pode conseguir diferenciar-se por meio de uma melhor coordenação interna ou com novos fornecedores. E a alteração da combinação das características do produto pode ser menos dispendiosa do que o simples acréscimo de características. Outros alvos de grande prioridade para intensificar a diferenciação são atividades em que o custo também pode ser pequeno em face do beneficio de se criar uma vantagem competitiva.

A diferenciação competitiva necessita de:

a. produtos e serviços inovadores;
b. pessoas capacitadas;
c. canais de distribuição e logística;
d. imagem e marketing.

CAPÍTULO 9

Como Estruturar as Funções P&D e Inovação na Governança Corporativa

9.1 INTRODUÇÃO

Governança descreve o processo de tomada de decisão e de implementação ou não-implementação das decisões tomadas.

Estruturar significa agrupar recursos materiais e humanos, determinando as responsabilidades e integrando-as com os objetivos empresariais da organização.

As principais características da governança corporativa que condicionam para uma estruturação adequada são: participação, estrutura organizacional, transparência, responsabilidade, orientação por consenso, inclusividade, efetividade e eficiência.

- **Participação**

  Participação significa que pessoas devem participar, igualmente, das atividades de tomada de decisão da organização, implicando a existência de liberdade de expressão.

- **Estrutura Organizacional**

  A boa governança determina uma estrutura organizacional adequada, voltada para as condições internas e externas.

86   Capítulo Nove

- **Transparência**

  As decisões tomadas devem ser feitas através de regras, procedimentos e regulamentos.

- **Responsabilidade**

  Os processos são desenhados para responder às demandas internas e externas, com seus valores e objetivos.

- **Orientação por Consenso**

  Essa forma de obter decisões requer uma perspectiva de longo prazo para que ocorra um desenvolvimento humano sustentável e a organização possa ter sua estratégia definida. Essa perspectiva também é necessária para se conseguir atingir os objetivos empresariais de sustentabilidade contínua, em que o centro de P&D e inovação deve ter suas estratégias definidas, especialmente quanto a: tipo de atividade, definição sobre fazer, contratar, adaptar ou adquirir tecnologias.

- **Inclusividade**

  As decisões devem assegurar que todos os atores envolvidos se sintam parte dela e não excluídos em seu caminho para o futuro.

- **Efetividade e Eficiência**

  A governança deve garantir que os processos e procedimentos sejam implantados e que produzam os resultados sustentados.

9.2 COMPETÊNCIAS CORPORATIVAS

Habilidades e competências corporativas constituem-se em ativos tangíveis e intangíveis que visam garantir a sustentabilidade continuada da organização, em ambientes de rápidas mudanças e hipercompetitividade, conferindo e assegurando uma diferenciação e uma vantagem competitiva no mercado.

Toda a competência corporativa emana dos recursos humanos que a organização possua. As corporações, por meio de estratégias, diretrizes e processos, objetivam transformar as competências individuais em competências coletivas, resultando daí as competências corporativas. Portanto, as vantagens competitivas, as diferenciações e o processo de inovação residem nos recursos da organização, tanto os humanos quanto os mercadológicos, os materiais e financeiros e os de propriedade intelectual de que a corporação disponha. As competências corporativas podem ser classificadas como básicas e essenciais. As competências básicas funcionam como um alicerce para a organização, e cada organização deve definir o que considera competências fundamentais para a continuidade de seu ciclo de vida, definindo, entre outras estratégias: visão integrada, sistemas integrados de gestão, inovação, foco no cliente, foco em resultados, gestão do conhecimento, centro de P&D, valorização das pessoas, relacionamento com os clientes, treinamento e desenvolvimento e assim por diante.

Pesquisa e Desenvolvimento – P&D é o conjunto de atividades e ações que geram conhecimentos. A transformação desses conhecimentos é a adaptação de tecnologias existentes em novas tecnologias, na forma de produtos e processos que atendam às necessidades de consumidores.

As competências essenciais diferenciam a organização no cenário competitivo. Trata-se daquelas competências em que a organização é percebida pelo mercado como padrão de excelência.

9.3 INOVAÇÃO E TECNOLOGIA NA GOVERNANÇA CORPORATIVA

A pesquisa tecnológica era realizada no Brasil somente pelas universidades e instituições de pesquisa. As empresas obtinham a tecnologia do exterior e em certos casos contratavam instituições brasileiras. Nas duas últimas décadas, alguns fatores contribuíram para o aumento do número de organizações que passaram a criar centros de P&D e inovação próprios para o desenvolvimento tecnológico, tais como:

- Conscientização da importância da inovação e da tecnologia para o sucesso da organização;
- Barreiras à importação de tecnologia em função de dificuldades da balança de pagamentos;
- Incentivos governamentais para a criação dos centros de P&D.

Os níveis de concentração de esforços de P&D em uma organização estão focados em três pontos principais.

No primeiro nível estão as atividades de aprimoramento de processos de produtos, aproveitando-se "horas vagas" e realizadas na cadeia produtiva, seja no controle da qualidade, no setor de manutenção ou na área de produção. Nesse nível destacam-se as seguintes vantagens:

- Uso da capacidade ociosa das equipes de tarefas de rotina.
- As atividades de P&D são adaptadas às necessidades imediatas da organização.
- Facilidade de implantação para obtenção dos resultados.

Os principais problemas e dificuldades encontrados pelas organizações que estão nesse nível são: as atividades de rotina são priorizadas, ficando as atividades de P&D e inovação para um plano secundário; a visão de P&D está voltada para a busca de soluções de curto prazo; as pessoas em tarefas de rotina, via de regra, não têm capacitação própria para as atividades de P&D e inovação, e há possibilidade de duplicação de esforços.

O segundo nível é superior ao primeiro em termos de desenvolvimento de capacitação tecnológica. Entretanto, as limitações continuam existindo, especialmente quando as equipes dos projetos ficam absorvidas por atividades da rotina.

O terceiro nível é a criação de um centro de P&D e de inovação constituído dentro da organização. Esse núcleo passa então a ter autonomia para contratar profissionais e pesquisas, ou mesmo comprar pacotes tecnológicos, adaptando-os às necessidades da organização.

Como Estruturar Função Tecnológica na Organização

Muitas empresas passam diretamente do nível 2 para o nível 3, e outras já começam sua existência no nível 3. Convém ressaltar que a passagem de um nível para outro não significa, necessariamente, que o nível anterior deixa de existir. Uma empresa pode estar no nível 3, com um centro de P&D e inovação, e ao mesmo tempo estar no nível 1 porque determinadas atividades de P&D continuam a ser realizadas nas horas ociosas pelas equipes de manutenção, engenharia, confiabilidade, automação, tecnologia da informação, controle da qualidade etc.

Fatores Condicionantes da Estrutura Organizacional

O desempenho de um centro de P&D e inovação depende do grau de adequação de sua estrutura às características específicas desse centro.

Essas "características" podem ser descritas a partir de um conjunto de fatores denominados fatores da estrutura, detalhados a seguir:

- das condições internas;
- do ambiente externo;
- dos objetivos e estratégias do centro de P&D e inovação;
- dos recursos humanos disponíveis.

O tipo de estrutura selecionado pode conduzir ao aumento de conflitos, reduzir a integração, aumentar o grau de especialização técnica e assim por diante; logo, é importante conhecer cada fator de estrutura, que definiremos melhor a seguir.

- **Condições Internas**

  As condições internas do centro de P&D e inovação envolvem aspectos que influem nos seus objetivos. Uma estratégia para desenvolver internamente o aperfeiçoamento de produtos e processos para as várias unidades fabris de uma organização diversificada somente será viabilizada se o centro tiver uma dimensão compatível e adequada com a estrutura da organização. O centro pode decidir contratar pesquisas externamente e ter apenas um grupo coordenador.

  Na condução das atividades de P&D, uma organização deve exercitar a ética, a criatividade, o rigor científico, a excelência científica e tecnológica e a cooperação. Para atender aos objetivos empresariais, o centro de P&D e inovação deve se valer das seguintes diretrizes gerais:

  a. aderência à missão e aos valores da organização;

  b. foco no consumidor;

  c. fortalecimento da marca;

  d. integração de processos e procedimentos;

  e. estabelecimento de parcerias e alianças estratégicas;

  f. planejamento estratégico e econômico da tecnologia, que é a inserção da variável tecnologia no planejamento estratégico da organização;

  g. enfoque sistêmico;

  h. excelência na gestão, execução e acompanhamento dos projetos.

Capítulo Nove

- **Ambiente Externo**

  O centro de P&D e inovação é parte de uma organização. As áreas de marketing, recursos humanos, informática, produção, automação e manutenção constituem parte importante do ambiente externo. Os objetivos empresariais, assim como as estratégias de cada área, unidade de negócio ou departamento, afetam diretamente as atividades do centro de P&D e inovação. Há outros elementos do meio externo que devem ser analisados, tais como: fontes de tecnologia, fornecedores de equipamentos e o mercado competitivo.

- **Objetivos e Estratégias do Centro de P&D e Inovação**

  O centro de P&D e inovação deverá ter seus objetivos e estratégias definidos pela governança corporativa, e terá como propósito orientar os profissionais sobre o tipo de pesquisa e de atividade, estabelecendo-se procedimentos harmônicos e integrados que assegurem a identificação de problemas prioritários, bem como a definição das fontes de recursos.

- **Recursos Humanos Disponíveis**

  O fator humano influencia os objetivos do centro e condiciona a estrutura em função das habilidades e competências individuais e coletivas.

9.4 O PROCESSO DE GESTÃO DA INOVAÇÃO E TECNOLOGIA

Diversos são os fatores que influenciam a competitividade de um produto ou um serviço: a tecnologia, as características técnicas, o desempenho, a confiabilidade, a assistência técnica e as garantias.

Um bom entrosamento entre marketing, inovação e vendas pode conduzir a uma lista de oportunidades que orientam o esforço tecnológico, para que se possa avaliá-las, se são adequadas, se requerem desenvolvimentos ou se se deve adquiri-las. Pode ocorrer que a tecnologia disponível pertença a uma empresa concorrente ou mesmo já se encontre em domínio público, o que poderá significar custos elevados para aperfeiçoamento e atualização.

O gestor de inovação e tecnologia deve ter em mente que a qualquer momento se faz necessário definir com precisão as tecnologias disponíveis, reconhecendo o grau de importância de cada elo da cadeia de valor, buscando assegurar estratégias tecnológicas intimamente ligadas à estratégia dos negócios da organização.

O gestor de inovação e tecnologia deve compreender e difundir que a capacidade tecnológica da organização a torna mais competitiva através de produtos e serviços competitivos, que necessitam se manter competitivos, e por essa razão os investimentos em pesquisa tecnológica devem ser perenes e fazer parte da estrutura organizacional da organização contemporânea.

Cabe ao gestor de tecnologia e inovação medir o esforço tecnológico da organização por meio de medidas e indicadores de fácil compreensão, tais como:

a. retorno sobre os investimentos em P&D;

b. vendas de produtos novos;

c. número de patentes geradas;

d. percentagem do faturamento de investimento em P&D;

e. participação de mercado.

A Interação do Marketing com a Inovação e a Tecnologia

Através do plano de negócios da organização e dos planos de marketing e vendas, os produtos e os serviços e os processos e procedimentos são alinhados, especialmente se houver desenvolvimento ou aperfeiçoamento de produtos.

Todo novo produto ou serviço ou mesmo aperfeiçoamentos dos produtos e serviços existentes devem ser quantificados pela área de marketing, em termos de vendas trimestrais, semestrais e anuais, considerando-se as sazonalidades, estabelecendo-se a participação de mercado a ser alcançada, estabelecendo-se as margens brutas, prevendo-se o numero de consumidores e a sua dispersão geográfica e o cálculo da taxa de retorno sobre os investimentos.

É sabido que existem mais oportunidades de mercado a serem desenvolvidas do que recursos disponíveis, e, conseqüentemente, a escolha de projetos deverá ser fundamentada com critério. O sistema de avaliação mais simples é o benefício $\times$ custo, também definido como atratividade:

92 Capítulo Nove

> atratividade = benefício estimado em \$, dividido pelo custo em \$.

Outro método é o da seleção de portfólio, em que se equacionam os projetos pela taxa de retorno esperada e pelo prazo de maturação de cada projeto.

• CAPÍTULO 10 •

Organizando a Inovação e a Tecnologia para Gerar Resultados

Mudar é difícil para qualquer pessoa, mas não para o empreendedor, que vê a mudança como uma oportunidade de inovar, criar e melhorar. A atividade empreendedora em qualquer parte do mundo necessita da integração de determinados elementos: talento e capacidade de trabalho, conhecimento e tecnologia na forma de produtos/serviços ou processos e capital para a promoção do negócio.

A mudança implica riscos diante do desconhecido. A falta de preparo e de qualificação faz com que as pessoas pensem que não vai dar certo. Hoje, com a rapidez com que as transformações ocorrem, o que valia para o passado recente vem sofrendo reformulações de conceitos, planos e diretrizes, na busca de soluções novas que coloquem a empresa no cenário competitivo.

A questão chave é entender que não basta às organizações contemporâneas a utilização de modernas técnicas gerenciais e sistemas sofisticados de gestão para assegurar a sua sobrevivência. É vital que os empresários brasileiros compreendam que as conseqüências ditadas pela globalização afetam e impactam os negócios e que passam a ser estratégicos o conhecimento, o desenvolvimento científico e tecnológico e os recursos humanos.

94 Capítulo Dez

Muitas empresas não perceberam que seus métodos, processos e tecnologias não estão adequados ao novo contexto competitivo, caminhando para o declínio no ciclo de vida do negócio.

A tecnologia transforma negócios, cria desordem no mercado e evidencia a necessidade de mudanças estruturais, não importando o porte da empresa. Poucas são as empresas que percebem a importância da mudança ou mesmo que compreendam a deterioração organizacional em que se encontram, e poucas sabem o que deve ser feito.

A situação é de perplexidade, e muitos empresários ainda não são capazes de perceber que a sua linha de produtos caiu em desuso ou está defasada tecnologicamente, e, por esse motivo, vivem atrás de favores fiscais de municípios, e dos governos federal e estaduais, como se esse enfoque fosse a real solução dos problemas da empresa.

O mundo vive a era da tecnologia da informação e comunicação, a era do conhecimento – o mundo globalizado.

O reconhecimento do conhecimento como um ativo é muito recente. A gestão do conhecimento consiste em "gerenciar uma coleção de processos, que governa a criação, a disseminação e a utilização do conhecimento para atingir os objetivos da organização". E é no talento das pessoas de uma organização que se fundamenta a vantagem competitiva no mercado. O conhecimento coletivo sobre o negócio caracteriza a excelência organizacional. É o tangível sendo superado pelo intangível. Com certeza aqueles de conjuntura estável não estão familiarizados com esse novo cenário.

Com o crescimento da importância do conhecimento, as empresas passaram a se preocupar com o impacto da tecnologia sobre a cadeia de valor do negócio, procurando transformar efetivamente esse conhecimento em ativo da empresa-capital estrutural.

Aquele empresário que montou seu negócio próprio fundamentado na sua experiência profissional, com pouco conhecimento teórico ou científico, sem conhecer com profundidade os fundamentos da inovação, finanças e os fatores da competitividade, muito provavelmente deverá sofrer na gestão dos seus negócios ante cenários de alta velocidade de mudanças tecnológicas, conhecimentos complexos, ambiente turbulento e de elevada imprevisibilidade. Nesse novo cenário, é importante que as organizações se preparem para a inovação e a tecnologia.

A forma como a Tecnologia e a Inovação são estruturadas em uma organização tem um significativo impacto sobre a sua eficiência e desempenho no mercado, e uma estrutura imprópria pode atrasar resultados, além de elevar riscos e incertezas.

Existe um conjunto estruturado de questões que a governança corporativa deve promover a cada ciclo de negócios. São perguntas organizacionais e questões estratégicas, abordadas a seguir.

- **De Natureza Organizacional**
  - Onde, fisicamente, o Centro de Inovação e Tecnologia deve ficar localizado?
  - Onde o Centro de Inovação e Tecnologia deve ser inserido na estrutura decisória?

- **Questões Estratégicas**
  - As atividades de P&D e Inovação suprem as necessidades de obtenção de resultados e cumprimento dos objetivos e metas organizacionais?
  - O Centro de Inovação e Tecnologia está utilizando recursos adequados e suficientes?
  - A atividade de P&D e Inovação está atraindo pessoas talentosas?
  - O Centro de Inovação e Tecnologia está integrado com objetivos corporativos da organização?

Não existe uma formatação única e definitiva de P&D, mas o que importa é que a função do P&D é a sustentabilidade dos negócios pela promoção de resultados contínuos. Existem elementos estruturais da função de P&D que devem ser analisados e pensados pela organização. São eles:

- Os recursos devem ser internos ou externos?
- Os recursos devem ser concentrados ou distribuídos em vários projetos?

Quanto à concentração ou descentralização dos recursos, depende da necessidade de tornar esses recursos vinculados aos negócios da organização, pela promoção de diferenciação competitiva.

O objetivo de se administrar a função P&D e Inovação na organização pode ser definido consoante as seguintes dimensões corporativas:

96 Capítulo Dez

a. **Imagem institucional, marketing e marca** – manutenção da reputação de qualidade e capacidade inovadora;

b. **Assegurar diferenciação** – garantir desempenho superior de seus produtos e serviços;

c. **Ciclo rápido** – garantir o encurtamento das fases de desenvolvimento de produtos e serviços; e

d. **Promover baixos custos** – garantir custos administráveis de desenvolvimento de produtos e processo.

O importante é que o Centro de Inovação e Tecnologia ou o Centro de P&D faça parte da governança corporativa. O desafio é administrar essa função de forma harmoniosa com a área de marketing e com as outras atividades da organização, tais como manutenção, logística, produção e, especialmente, a área de finanças.

No ambiente de negócios de hoje, o tempo de desenvolvimento para a geração de resultados é seguramente estratégico, em face da necessidade de se estar na dianteira, na fronteira do desenvolvimento, administrando riscos e incertezas.

Riscos e incertezas são conceitos diferentes. **Riscos** podem ser perfeitamente medidos, uma vez que estarão sempre associados a eventos que têm um determinado número de chances de não acontecer ou acontecer. Já a **incerteza** é uma indeterminação que pode ser eliminada, passando, então, a ser uma certeza. Por facilidade de expressão e comunicação, no desenvolvimento de projetos de P&D, o conceito de incertezas é substituído pelo de risco. O desenvolvimento de um projeto de P&D é um conjunto de atividades complexas pelo alto grau de incertezas quanto às perspectivas de concretização e resultados, bem como os múltiplos fatores que influenciam essas incertezas. A finalidade do projeto é levantar essas incertezas e planejar as etapas futuras do desenvolvimento. Trata-se, portanto, de um processo interativo, em que as decisões sobre o seu andamento são permanentes.

O financiamento de um projeto de P&D, via de regra, está condicionado a determinados fatores, e entre os principais estão os seguintes:

– o risco tecnológico;

– o portfólio de produtos;

– a situação econômico-financeira da organização.

A vida útil de uma tecnologia é período em que ela se mostra competitiva no mercado, considerando-se como ponto de partida a geração da idéia, da inovação que resultou num produto ou processo operacionalizado comercialmente por uma organização. O ciclo de vida da tecnologia é dividido em quatro fases básicas: **embrionária, de crescimento, maturidade** e **declínio.** A situação econômico-financeira tem a ver com a capacidade da organização para empreender o novo projeto com recursos próprios ou de terceiros. A situação presente e as perspectivas futuras são os fatores preponderantes de avaliação dessa capacidade. A propensão para assumir riscos está relacionada com a aptidão dos seus acionistas, dirigentes e mesmos seus empregados em assumir riscos e gerenciá-los, transformando idéias em inovações de sucesso.

■ O Ciclo de Vida e o Tipo da Pesquisa & Desenvolvimento

O ciclo de vida e o tipo da P&D são os determinantes do que se denomina risco tecnológico, e obedecem à mesma curva S do ciclo de vida de um negócio.

Tecnologias em fase **embrionária** são aquelas em que os trabalhos de P&D objetivam um **produto inédito para o mercado** e têm como atividades principais a procura de características físicas e químicas, usos e costumes, processo de produção, matérias-primas, reações químicas, subprodutos, rendimento operacional. Quanto ao mercado, são pesquisados os consumidores, os produtos concorrentes e os canais de comercialização. Tecnologias em fase de crescimento são aquelas que estão desenvolvendo estratégias de fixação de uma parcela de mercado, via de regra pela substituição de produtos em utilização ou, mesmo, pelo atendimento de uma necessidade ainda não satisfeita. Tecnologias na fase de **maturidade** são aquelas que conquistaram uma parcela do mercado e que agregam inovações freqüentes, que visam elevar sua eficiência e competitividade.

Tecnologias em fase de **declínio** são aquelas que exauriram o potencial de desenvolvimento e inovação, e seus produtos estão prestes a sair de mercado por obsolescência. As atividades de P&D, para esses casos, objetivam descobrir uma sobrevida que permita a permanência no mercado por mais algum tempo.

O risco de um projeto de P&D está ligado à fase do ciclo de vida em que se encontra a tecnologia, pois, quanto mais no início do ciclo, maiores as incertezas, e, portanto, maior o risco.

O risco tecnológico é influenciado por alguns fatores: o prazo para a incorporação da tecnologia pelo mercado, o conhecimento sobre a tecnologia, os movimentos dos concorrentes, o retorno sobre o investimento esperado para o empreendedor, os recursos necessários para o cumprimento das etapas de desenvolvimento e engenharia e o período estimado para que se alcance a vantagem competitiva.

Analisando-se o ciclo de vida da tecnologia, pode-se constatar que a pesquisa básica é própria das tecnologias **embrionárias**, a pesquisa de inovações radicais é própria das tecnologias em **crescimento**, e a pesquisa de inovações incrementais é própria das tecnologias na fase de **maturidade**.

As tecnologias na fase de declínio podem ocorrer em quaisquer das atividades de P&D. Quanto mais próximo da maturidade está a tecnologia, menores são as incertezas a ela relacionadas e menores são os prazos para obtenção de resultados.

Em um contexto de elevada incerteza, o investimento em P&D só se justifica se na matriz custos × benefícios os benefícios forem favoráveis. A composição **benefício esperado × risco incorrido** é a determinante da oportunidade de investimento em P&D.

A Motivação para Assumir Riscos

Assumir riscos é uma característica de cada organização, que desenvolve métodos de avaliá-los e administrá-los. No mundo competitivo globalizado, as organizações que pretendem manter-se competitivas são forçadas a assumir riscos e a equacionar o financiamento das atividades de P&D e inovação.

Existem duas modalidades de financiamento: próprio e por terceiros. A seleção da modalidade ocorre pela análise do **custo de oportunidade × risco incorrido**. De um modo geral, o financiamento próprio se dá quando a organização utiliza seus recursos de caixa para o custeio das atividades de P&D, pois o ambiente de apoio no Brasil ainda é complicado para o financiamento por terceiros, que ocorre de acordo com as seguintes tipologias: *seed money* (capital semente); capital de risco; participação nos resultados; empréstimos.

Seed money é o financiamento mais adequado aos projetos de P&D, que estão em fase embrionária da tecnologia, e geralmente é oferecido por governos; o capital de risco e a participação nos resultados são mais adequados para projetos na fase de **crescimento**, e os empréstimos são indicados para a fase de **maturidade, quando os riscos são calculados e adequados**.

Os projetos de P&D na fase de declínio comportam qualquer tipo de financiamento. A capacidade da organização de conseguir a participação de terceiros está relacionada com a forma como ela administra os seus negócios, com seus métodos de gestão, suas estratégias, suas competências básicas e essenciais e sua experiência na condução dos negócios. Como o prazo de resposta é fator de sucesso em P&D, a função do financiamento por terceiros é parte integrante desse sucesso, pois, com aporte dos recursos financeiros a tempo e a hora, garantirão o pioneirismo da organização no lançamento de novos produtos e processos no mercado de hipercompetitividade.

Capital de Risco

O que diferencia o investimento de capital de risco de outro tipo de investimento é, fundamentalmente, o papel desempenhado pelo capitalista/investidor. Tipicamente, o investidor de risco, seja ele pessoa física ou jurídica, contribui de forma única no desenvolvimento de uma organização ao passar para ela todo o seu conhecimento e experiência, bem como a sua rede de contatos no meio empresarial. Afinal, seu objetivo é a valorização do seu investimento.

O papel básico do investidor de risco é ampliar e facilitar o acesso ao capital; apoiar a formulação da estratégia e de seu plano estratégico; apoiar o processo de decisão; apoiar o recrutamento de talentos e divulgar a empresa e seus produtos.

A relação entre o investidor e a organização desempenha um papel fundamental no desenvolvimento dos negócios. A relação que se estabelece será provavelmente de longo prazo, podendo ir de quatro a 10 anos. Em setores em rápida mudança, a capacidade de tomar decisões rápidas pode ser crítica. No processo de decisão de ambas as partes é importante ter presente que o investidor de risco vai apoiar, fundamentalmente, os empreendedores enquanto indivíduos e não tanto a organização na sua forma jurídica.

O primeiro elemento a ser aplicado é o **indivíduo, as suas capacidades, experiência e nível de compromisso para com o projeto**.

Deve ser estabelecida uma relação de confiança mútua, muito antes de ser tomada qualquer decisão de investimento. O investidor de risco trabalha com o empreendedor com o objetivo de maximizar o valor do seu projeto e de aumentar a sua probabilidade de sucesso.

As Estratégias de Investimentos

No mercado internacional, existe uma clara tendência no sentido de as empresas de capital de risco se especializarem de acordo tanto com o tipo de atividade como com o estágio de desenvolvimento em que se encontram as organizações. Tipicamente, alguns **ramos de negócio** são tratados separadamente: biotecnologia; tecnologia da informação; comunicações; ambiente; semicondutores, computadores e periféricos etc.

No geral, as empresas de capital de risco tendem a especializar-se em função do estágio de desenvolvimento que vai ser alvo de investimento. Esses estágios de desenvolvimento representam o ciclo de vida, desde o nascimento até a maturidade.

São considerados os seguintes tipos de investimento:

a. Estágio inicial (*early stage*), de quatro a oito anos, que inclui:
   - *Seed capital* (capital semente) para promotores que se apresentem com pouco mais que um conceito. Geralmente esses fundos são utilizados para se efetuarem pesquisas de mercado e desenvolvimento de produto.
   - Capital para *start-up* geralmente voltado para a contratação de recursos humanos, aquisição de equipamento adicional e lançamento de campanha de marketing.
   - Capital para primeiro estágio (*first stage*), que irá permitir o início da produção em série.
b. Estágio de expansão (*expansion stage*), de um a cinco anos:
   - Capital para segundo estágio (*second stage*), que objetiva o crescimento nas vendas nomeadamente com a expansão das equipes de vendas, marketing e engenharia. Geralmente as empresas nesse estágio procuram ainda cobrir os seus fluxos de caixa negativos.

- Capital para o terceiro estágio (*third stage* e mezanino), que irá financiar expansão da planta, marketing adicional e desenvolvimento de novos produtos. Geralmente as empresas nesse estágio apresentam lucro ou pelo menos atingiram o ponto de equilíbrio (*break-even*).

c. Aquisição de controle (*buy-out*):

Esse tipo de investimento pode ocorrer a qualquer momento na vida da empresa e visa geralmente à aquisição de outra empresa ou ao apoio a operações de *buy-out* por parte das equipes de gestão.

Nos primeiros estágios de desenvolvimento da empresa, o risco inerente ao investimento é, naturalmente, maior, e maior deverá ser o retorno esperado. Quanto menor o risco, maior o valor do investimento e menor o retorno esperado.

Critérios de Avaliação do Investimento

São quatro os principais critérios de avaliação do investimento:

1. Equipe de gestão
2. Mercado e estratégias de mercado
3. Produtos e processos de produção
4. Oportunidade financeira.

Cada critério é avaliado na perspectiva de **reduzir o risco e maximizar o retorno financeiro**. Quanto maior o risco, maior o retorno esperado.

- A equipe de gestão deve demonstrar um bom conhecimento da sua área de atuação, apresentando um bom *track record*. A capacidade de trabalhar em equipe deve ficar demonstrada, bem como o seu nível de compromisso e motivação em relação à empresa.
- O mercado ideal deve apresentar altas taxas de crescimento, com o potencial de se tornar "enorme". Se existir forte concorrência direta, o mercado deve ser suficientemente grande para sustentar duas ou mais empresas de sucesso. A equipe de gestão deverá conhecer e estabelecer relações com os principais canais de distribuição.
- O produto ideal deve apresentar um baixo nível de risco técnico, possuindo ao mesmo tempo o máximo possível de características proprietárias que o diferenciem de seus concorrentes. As vantagens

competitivas podem tomar forma no **custo**, na **funcionalidade** ou na **qualidade** do produto. De fato, apesar das altas taxas de crescimento que um mercado possa apresentar, a quota de mercado só será conquistada se o produto **acrescentar valor** ao cobrir necessidades ainda não satisfeitas pelos concorrentes.

- O produto deve ainda permitir atingir margens brutas superiores à média, possuir um ciclo de vendas curto, apresentar várias oportunidades de venda, e, finalmente, não deverá exigir grandes volumes de investimento adicional. Por fim, é fundamental que se apresentem planos para desenvolver uma linha completa de produtos.

- A oportunidade financeira é determinada pelo nível de rentabilidade que o investimento permitirá realizar. Um dos fatores determinantes da rentabilidade do investidor é, naturalmente, o valor do investimento, que, na sua ótica, deverá ser o mais baixo possível. O valor do negócio será aquele que satisfaz a ambas as partes – investidor e empreendedor. O objetivo último deverá ser a **liquidez** do investimento. A avaliação das oportunidades de desinvestimento (venda dos interesses) deverá ser efetuada antes de efetivado o investimento.

- Tipicamente, um investidor de risco realiza o seu investimento por meio de uma variedade de instrumentos, dos quais os mais comuns são ações preferenciais, ordinárias e debêntures.

Processo de Decisão do Investidor de Risco

O projeto inicia-se com a apresentação de um **plano de negócios**.

O plano de negócios, a ser apresentado aos investidores de risco, será, muito provavelmente, o documento mais importante que os empreendedores produzirão durante os primeiros anos de vida do projeto. Este vai ser, sem dúvida, o veículo pelo qual o **conhecimento mútuo** irá se estabelecer e se desenvolver.

Deverá apresentar suas **premissas** de forma clara; nelas se incluem, naturalmente, os quatro elementos referidos anteriormente.

O investidor de risco analisa o investimento tanto na perspectiva da **redução do risco**, como na perspectiva de **maximização da oportunidade**.

No essencial, pretende-se identificar as medidas a tomar que eliminem o risco e assegurem o sucesso. Obviamente, o risco não poderá ser totalmente eliminado, mas existe um conjunto de medidas que, ao serem tomadas, poderá reduzi-lo a níveis aceitáveis. Importa avaliar qual o investimento necessário para que essas medidas sejam implementadas.

Um dos elementos-chave é o mercado, principalmente a concorrência. Do plano de negócios deve constar uma **análise competitiva do mercado**. É da maior importância que fique demonstrado que os empreendedores possuem profundo conhecimento da competição. É sem dúvida **mais um fator de redução do risco: identificar e compreender os competidores e as regras do seu mercado**.

No processo de decisão de um investidor de risco, é fundamental que fiquem claramente definidas e avaliadas todas as determinantes do risco.

A análise deve ser desenvolvida em conjunto com o investidor, não devendo existir fatores desconhecidos. ***Todo risco deve ser analisado e avaliado***.

Como Selecionar e Avaliar o Investidor

O processo de seleção do investidor de risco é mais semelhante ao processo de seleção de um executivo do que ao processo de seleção de um banco para se obter um financiamento.

A pergunta-chave não é "Quanto dinheiro ele me pode dar?" mas sim "Quanto dinheiro ele vai me fazer ganhar?"

Algumas questões devem ser colocadas quando se seleciona um investidor de risco:

- Quais as empresas de que o investidor participou? Qual o seu currículo como investidor?
- Que tipo de relação ele estabeleceu com elas? Foi um investidor passivo ou contribuiu ativamente para o seu sucesso?
- Ele conhece o setor de atividade? Em que medida poderá contribuir para o desenvolvimento da empresa? O seu conhecimento do setor é suficiente para maximizar o seu potencial?
- Em que medida ele poderá apoiar e/ou participar em futuras capitalizações?
- A sua reputação atrai outras fontes de financiamento?

- Qual o nível dos seus recursos, em termos tanto pessoais como financeiros?
- Poderá apoiar o desenvolvimento de canais de distribuição, tanto no mercado nacional como internacional?
- Poderá o investidor apoiar a empresa no sentido de recrutar executivos-chave para o desenvolvimento do projeto? Tem condições de apoiar a sua avaliação?

A resposta a essas questões poderá ser importante para o empreendedor e para o empresário. É líquido afirmar-se que existe sempre capital disponível para bons projetos, mas nem sempre bons parceiros. É mais fácil levantar fundos financeiros adequados para um bom projeto do que encontrar bons parceiros.

• CAPÍTULO 11 •

A Ambiência Competitiva e o Ambiente Inovador

As revoluções gerenciais e tecnológicas têm impactado de forma inimaginável o ambiente de negócios, tornando dramática a luta pela postura estratégica de sobrevivência das instituições em todo o mundo. Os avanços da teleinformática, as pesquisas tecnológicas e a demanda por qualidade estão pulverizando paradigmas herdados de períodos de estabilidade tecnológica. No novo ambiente de negócios, a inovação e a capacidade de adaptação às novas regras do jogo empresarial tornam-se requisitos imperativos para qualquer empresa, independentemente de seu porte, participar do cenário competitivo. Surge nesse cenário a figura do empreendedor como aquele que inova e cria um novo empreendimento, bem como aquele que desenvolve o atendimento das necessidades dos consumidores, de uma forma personalizada.

11.1 AS FORÇAS QUE ESTÃO MOLDANDO OS AMBIENTES DE NEGÓCIOS

O mundo está sendo mudado por forças incontroláveis, ocasionadas principalmente pela transformação provocada pela telemática, que não mais permite atitudes passivas, conduzindo o contexto empresarial para a interatividade e proatividade, que já estão produzindo e produzirão impactos em todos os segmentos da sociedade, comércio, serviços, agricultura e industrial. Essas transformações deverão criar um mercado eletrônico gigantesco, que transformará radicalmente a maneira de as pessoas trabalharem, comprarem, se comunicarem e se divertirem. E tudo isso está sendo moldado pelo impacto de determinadas macrotendências irreversíveis, que descrevemos a seguir:

- **Flexibilidade**

  As indústrias estão repensando a forma como devem operar. Para competir no mundo de rápida mudança da era da tecnologia da informação, as empresas procurarão, cada vez mais, substituir suas formas tradicionais de negócios por novas concepções que redefinirão a imagem e o papel que exercerão no ambiente global de negócios.

- **Agregação de valor**

  Em ambiente de elevada competitividade, os consumidores têm alternativas variadas, e, na falta de um atendimento diferenciado e valor agregado ao produto, o seu critério de decisão é o preço.

- **A homogeneidade cede lugar à diversidade**

  Negócios serão viabilizados por uma grande variedade de tecnologias, estilo de vida e idéias, oriundos de culturas diferentes.

- **O estado provedor transforma-se em Estado direcionado para resultados**

  As cidades e as instituições do governo serão reestruturadas segundo a forma privada de negociação (organizações ágeis e enxutas) e orientadas para a busca da inovação. Com o acirramento de suas crises fiscais, os governos serão forçados a buscar novas soluções para cumprir as suas obrigações, abrindo espaço para empreendedores e para a competência.

- **Prevenção e autopreservação**

  A freqüência e a proximidade com a perspectiva de que pode ocorrer algo perigoso incutem nas pessoas uma demanda por cautela e prevenção. Enfrentar o problema com soluções tradicionais exigiria aumento de tributos, com que as populações não desejam mais arcar, em face do volume de impostos já existentes.

- **A competição viverá com cooperação**

  Quanto maior a economia global, mais complexo e dispendioso será o contexto de negócios e mais intensamente a cooperação surgirá, como instrumento estratégico da competição. Mais e mais, as nações contribuirão para que as empresas busquem escala em outros mercados, com o intuito de melhorar a qualidade de vida de seus cidadãos.

- **A customização**

  As mudanças determinam e a tecnologia permite o atendimento customizado. O movimento inicial que gerou fusões e aquisições está mudando, norteado pelo atendimento segmentado, à procura de nichos e personalizações.

- **Automação**

  Apesar da grande barreira ainda existente – as máquinas só fazem o que foi programado –, a automação já está se tornando uma ferramenta crítica. Grandes inovações e uma melhor compreensão do relacionamento homem-máquina favorecem a automação. A visão de um mundo automatizado parece estar próxima.

Uma Visão Multidisciplinar da Organização

A empresa brasileira teve revelada a sua fragilidade ao enfrentar a competição internacional, logo após a abertura da economia, no início da década de 1990. Essa fragilidade teve aspectos agravados pela tomada de consciência do cidadão-consumidor em um mundo em que a qualidade passou a ser um valor intrínseco a qualquer produto ou serviço. Dessa forma, o novo ambiente de negócios exige capacitação e conectividade com cenários internacionais. A empresa atual precisa ter visão multidisciplinar, para aproveitar as oportunidades de mercado com o uso de seus pontos fortes. Analisar de forma sistêmica as tendências, os dilemas e as oportunidades que se apresentam são novas atribuições impostas por esse novo ambiente.

- **Tendências**

  São afirmativas que configuram e que constroem o futuro das organizações. Observe-as:

  – A velocidade da tecnologia será cada vez maior.

- Áreas de pesquisa e desenvolvimento serão cada vez mais importantes para gerar capacitações inovadoras.
- As organizações serão cada vez mais coerentes com a busca das pessoas pelo aprendizado permanente.
- Sobreviverão as empresas mais ágeis e mais capazes de se adaptar às mudanças.
- A verdadeira "força motriz" da mudança não será a tecnologia, mas os seres humanos.
- As pessoas serão definitivamente a verdadeira diferenciação competitiva das empresas.
- As pessoas serão cada vez mais responsáveis.

- **Reflexões**

  São afirmativas que representam pensamentos, bem como configuram uma análise geral do contexto futuro das empresas. Observe-as:

  - Os sistemas de informática não serão os instrumentos para compartilhar o conhecimento. Tal assertiva significa que a capacidade de agir está efetivamente nas pessoas e não nas máquinas.
  - O sucesso irá depender do relacionamento interpessoal.
  - O que a empresa necessita é de parceiros e não de empregados.

- **Dilemas**

  São afirmativas que representam os pontos sobre os quais ainda não há um pensamento mais concreto, restando dúvidas conceituais. Analise-as:

  - O que irá prevalecer: as mudanças tecnológicas ou a gestão de pessoas?
  - As questões psicológicas geradas pela turbulência e pelo fim do emprego tradicional ultrapassarão os níveis suportáveis pelos seres humanos?
  - Até que ponto os objetivos econômicos darão lugar a propósitos mais nobres, incluindo valores éticos e morais?

A Organização do Futuro – Agregando Valores

As grandes corporações tendem a um movimento planetário. Aos pequenos negócios, nessa nova ordem mundial, caberá a garantia da geração do emprego e da renda, na formação de cadeias fornecedoras das grandes empresas.

Todos os atores da comunidade empresarial, fornecedores, clientes, a mídia, incluindo os empresários, executivos e empregados das organizações, devem ter consciência da responsabilidade social que as empresas irão assumir nesse novo cenário. Antes e acima de tudo, a empresa do terceiro milênio abandonará o cunho burocrático passivo e adotará os padrões da competitividade ativa; ela estará inteiramente focada e motivada para maximizar, de forma dinâmica, o encantamento de seu cliente atual e futuro e, também, otimizar a capacidade humana de criar e operar sistemas, produtos e processos.

A empresa tenderá a um aprimoramento do nível de nobreza das relações humanas que a compõem: desconfiança, vaidade e inveja cederão espaço para o desenvolvimento dos fatores críticos de sucesso do próprio negócio. Esse movimento terá forte conseqüência na estruturação da necessidade do controle a partir do momento em que a confiança nas pessoas aumenta.

As empresas serão grandes redes em que um pequeno percentual dos seres humanos a elas ligados terá ainda uma relação de dependência. A organização virtual será uma realidade dominada, e o aparato tecnológico permitirá completa interação e comunicação virtual, assim como a robótica abrirá caminhos para uma absoluta customização e personalização da produção.

A Nova Visão de Competitividade

A competitividade de economias nacionais é construída a partir da competitividade das empresas. Se estas são frágeis e tecnologicamente defasadas, há um comprometimento para com o futuro, uma vez que a competitividade é a base para o nível de vida de uma nação.

Estão superadas as visões tradicionais, que definiam a competitividade como apenas uma questão de preço, custos e taxas de câmbio. A competitividade hoje é tratada como sendo determinada por fatores endógenos e exógenos à empresa. É adequada a noção de que o desempenho empresarial depende do resultado de fatores situados no contexto macroeconômico em que as empresas operam. E, portanto, empresas e nações estão, inexoravelmente, envolvidas e comprometidas.

A competitividade deve ser compreendida como a capacidade da empresa em formular e implementar estratégias que lhe permitam conservar de forma permanente sua posição de mercado. O desempenho competitivo de uma empresa está condicionado a um complexo conjunto de fatores. Entretanto, alguns deles precisam estar dominados: estratégia e gestão, capacidade para inovação, capacidade para a produção e talentos humanos. Outros fatores dependem da estrutura do país.

O modelo trabalhado por Michael Porter (1985) procura superar os limites impostos pelos fundamentos da competitividade.

Quando se trabalha dando ênfase ao sistema sociocultural, o conceito de competitividade deve ser visto não apenas em relação à determinação estrutural da produção, mas deve incluir os aspectos relativos ao controle sobre a segurança, sobre o crédito e sobre o conhecimento e as idéias.

Duas idéias estão ligadas à determinação da competitividade: a associação de competitividade e produtividade e a abordagem da competitividade como uma capacidade nacional e não de uma empresa. Os pesquisadores dessa corrente identificam três domínios articulados e que são subjacentes ao processo de adoção de inovações, aumento da produtividade e ganhos de competitividade: **o domínio tecnológico** (sistema educacional, laboratórios e pesquisas); **o domínio econômico** (as formas das unidades produtivas) e **o domínio das instituições sociopolíticas**. Nessa perspectiva, o sistema de inovações, base do desenvolvimento e da competitividade, é integrante dos circuitos de retroalimentação do sistema sociocultural.

O que leva uma organização a ter sucesso no ambiente competitivo? O que a faz conquistar mercados e lucros? O que a leva ao sucesso? Empresas de todo o mundo buscam esse caminho. Algumas conseguem encontrá-lo, e passam a ter domínio sobre o seu futuro. A maioria fica ao sabor das "correntezas" do mercado, e muitas morrem precocemente.

Existe porém um caminho. É fator crítico de sucesso conhecê-lo, entender suas forças e direções, de forma a se adequarem as ações e competências internas a esse ambiente. Esse é o passo inicial de um processo de planejamento. A partir daí, define-se o que se deseja fazer internamente para adequação ao ambiente externo – ações, competências necessárias, organização.

As diretrizes estratégicas são resumidamente de dois tipos:

1. Diretrizes operacionais: quanto se almejam participação de mercado e cotas de vendas. Essas diretrizes são difundidas e compartilhadas internamente.
2. Diretrizes de desenvolvimento: definição do "novo". O que se deve fazer para mudar, crescer, ganhar participação de mercado e aumentar os lucros.

É fundamental a existência de um processo estruturado e de competências essenciais, para, a partir da definição do que deve ser feito, planejar-se corretamente o como fazer e se ter a capacidade de implementação, atingindo os objetivos propostos.

Quanto mais instável ou competitivo for o setor, maior a necessidade de busca de eficiência e eficácia, maior a necessidade do novo nas organizações, e, conseqüentemente, maior a necessidade de processos e capacidades que garantam a correta implementabilidade. Esse processo deve obrigatoriamente ser feito através de projetos, pois essa é a única forma de se lidar com o novo, e conseqüentemente, é fundamental a existência de profissionais capacitados a cuidar desse processo. Esse profissional é o **gerente de tecnologia e inovação**.

Para tal, competências estratégicas, gerenciais e técnicas de projetos são fundamentais, de forma a viabilizar o processo de implementação. Somente a partir da implementação bem-sucedida do que foi definido no nível estratégico é que os resultados aparecem para as organizações.

Portanto, para se ter domínio sobre o futuro da organização e garantir sua eficácia e competitividade, é fundamental o questionamento e a adaptabilidade da empresa ao meio ambiente.

11.2 AS REALIDADES DA EMPRESA ATUAL

A nova ordem econômica mundial privilegia os intangíveis, as idéias, a criatividade, o produto revolucionário, as informações e o relacionamento. A comunicação é o fundamento da economia e da conquista de inovação. O valor está se deslocando da produção para fornecer os serviços que atendam às necessidades dos clientes, criando-se assim um novo modelo de negócios. Não há mais necessidade de se criar a obsolescência programada de seu produto para forçar os clientes a comprar novos produtos. Agora, a abordagem é conhecer o cliente, relacionar-se com ele e

112 Capítulo Onze

atendê-lo naquilo que ele pode comprar e no que ele deseja. A mudança é profunda, pois o valor está no atendimento. O foco do negócio passa para os serviços fornecidos pelos produtos, e os clientes passam a ser criadores de valor. O sucesso das empresas está em compreender esses sistemas, em que todos – fornecedores, clientes, acionistas, funcionários e a comunidade – fazem parte e compartilham. O mundo das decisões corporativas fechadas está sendo substituído pela transparência, responsabilidade social e confiança.

No Brasil, a intensidade média de P&D é de 0,6%, isto é, a relação entre despesas de P&D e a receita líquida. No setor de petróleo e gás, essa intensidade alcança 0,9%. Quanto aos recursos humanos, o capital nacional emprega em média quatro pessoas em centros de P&D, enquanto o capital estrangeiro aqui no Brasil emprega 17 profissionais.

O gestor de inovação e de tecnologia é o profissional capaz de interpretar os sinais do mercado, analisar o seu contexto e indicadores e traduzir para o negócio através de informações e liderança que produzirão produtos e/ou serviços que agregarão valor para os clientes, pelo desenvolvimento do plano de negócios, análise de marketing e da logística, que resultarão em lucros sustentáveis e contínuos para a empresa.

O gestor de inovação e de tecnologia, em função da incerteza e das rápidas transformações, possui um perfil de elevada complexidade. Deve ser capaz de articular os recursos da empresa (mercadológicos, financeiros, humanos, materiais e tecnológicos) de forma organizada. Deve ser um estrategista, com capacidade de interpretar o contexto, um líder para conduzir equipes vencedoras, um planejador, um orientador, um integrador, enfim, um empreendedor interno da organização.

Deve desfrutar de relativa autonomia quanto à retirada de produtos do mercado, ao lançamento de novos produtos, à política de preços e à comunicação, bem como para interpretar o sistema de informações mercadológicas, que é o processo inteligente das empresas inovadoras de manter um fluxo permanente de informações acerca do ambiente externo.

Até pouco tempo atrás, o símbolo da conquista eram a qualidade, a produtividade e a melhoria contínua, mediante a gestão do conhecimento e o aprendizado organizacional. Nesse novo contexto dos mercados globalizados, não é mais somente o conhecimento que produzirá a riqueza, mas sim o conhecimento junto com a identificação de oportunidades e o *insight* para inovações descontínuas ou radicais. Portanto, em um contexto não-linear, serão as idéias não-lineares que resultarão em riquezas, pois a inovação radical, a ruptura, será a única estratégia de se escapar da competição globalizada, que achata as margens e não cria lucros sustentáveis para as organizações.

Aquele executivo que implementar um plano de metas apenas por visão incremental acabará se defrontando com concorrentes que quebrarão paradigmas e surpreenderão os seus clientes com produtos e serviços inovadores.

Hoje os consumidores estão mais exigentes e os acionistas estão impacientes, estabelecendo para os executivos a obtenção de resultados, pela fixação de metas. E esse tem sido o cenário atual, a realidade das empresas na busca permanente de inovação e resultados.

11.3 O QUE É RESULTADO?

Resultado é o ato ou o efeito de resultar em dar lucros. O lucro é a principal medida de desempenho de uma organização, embora não deva ser o único instrumento de medida da rentabilidade de uma organização. Mas, é óbvio, se uma empresa não consegue obter lucros, não conseguirá manter o capital humano e físico por muito tempo, e se não tiver capital não conseguirá manter o fluxo dos negócios, por dificuldades de obter os insumos empresariais.

De que forma se podem obter resultados financeiros sustentáveis? A estratégia do sucesso está representada por uma administração eficaz do gerenciamento de produtos e/ou serviços, processos e procedimentos, um planejamento adequado e uma administração competente da inovação, fator chave dos resultados sustentados.

Ser eficaz é a função primordial de cada gestor, em qualquer organização. Ser eficaz é fazer com que as coisas sejam feitas, e da forma correta. Inteligência, competência, habilidades, conhecimentos são qualidades importantes, porém somente com a eficácia é que se poderá convertê-las em resultados. A realidade da função de executivo não só está a exigir que ele se torne eficaz, mas também está tornando a eficácia algo difícil de ser atingido, em função de uma série de fatores que os empurram para as rotinas e a burocracia. Os gestores no entanto ainda não se deram conta de que os resultados estão fora da empresa e é lá que ela

114   Capítulo Onze

precisa concentrar seus esforços. E é de lá que se deve ouvir os clientes, identificando necessidades e desejos, promovendo marketing de relacionamento e um pós-venda atuante.

Gestores precisam ser eficazes e se conscientizar de que os resultados estão no mercado competitivo. Uma série de fatores do macroambiente está forçando acionistas e executivos a planejarem a sua atuação, para que resultados possam ser alcançados e sejam perenes.

Esses fatores são:

a. a aceleração da mudança tecnológica;

b. a complexidade das atividades empresariais;

c. a competição intensa;

d. a globalização dos mercados; e

e. a implantação de controles, indicadores e pós-vendas eficazes.

A atividade empresarial está ficando cada vez mais complexa em função das inovações tecnológicas, da competição internacional, do encurtamento do ciclo de vida dos produtos e/ou serviços, e do fato de que os mercados crescem, como crescem as exigências dos clientes, exigindo dos gestores capacidade de compreender como cada uma dessas contribuições influi na obtenção de inovações sustentáveis.

"Estratégia" significa planejar o futuro, e "pensamento estratégico" é o ato de pensar sobre os planos futuros. Os elementos condutores do pensamento estratégico são:

a. visão: a imagem do futuro;

b. recursos disponíveis, finanças, tempo, pessoas, materiais, tecnologia e habilidades;

c. valores, estruturas e diretrizes;

d. pressupostos: premissas sobre o futuro.

Esses condutores do pensamento estratégico são como engrenagens de uma máquina, e devem se movimentar em sincronia. Quando se sabe para onde se está indo, as motivações e os caminhos para alcançar o objetivo, esses condutores proporcionarão as respostas de onde, por quê e como conseguir chegar lá.

Os elementos do lucro são: as receitas (faturamento) e as despesas (custos). As despesas podem ser classificadas como variáveis e fixas. As despesas fixas independem da produção, enquanto as variáveis dependem da produção.

O lucro pode ser entendido como a diferença entre as receitas e a soma das despesas variáveis e fixas. A margem de contribuição leva em consideração a diferença entre receitas e despesas.

O gestor de inovação e de tecnologia, com base na análise do macroambiente, decide sobre a melhor política de preços, em função de sua estratégia e dos seus objetivos, estabelecendo a margem bruta a ser aplicada.

O gestor de inovação e de tecnologia é, portanto, o novo profissional da organização, aquele que procura analisar técnicas de gestão do lucro, criando a riqueza por meio de novos produtos, novos processos e tecnologia gerencial inovadora. Esse gestor não tenta extrair riqueza das estratégias obsoletas. O papel desse novo gestor será o de germinar novas estratégias criadoras de inovação, pela reinvenção das estratégias obsoletas ou por produzir novos conceitos. O pressuposto básico do gestor de inovação e de tecnologia está na convicção de que a concorrência no futuro se dará por capacidade de inovação, e não pelo modelo ou estrutura organizacional.

Duas são as estratégias para se obterem resultados:

1. aumento da receita; e
2. redução das despesas.

O aumento da receita se dará pelo crescimento das vendas, pela aquisição de empresas concorrentes, pelo lançamento de novos produtos, pela definição estratégica correta, por um sistema de propaganda e promoção, pela melhoria das margens de contribuição (*markup*), pelas políticas de preços e crédito e pelo desenvolvimento de novos mercados, fundamentados em inovação e marketing.

O apreçamento é desafio das organizações líderes e é o maior desafio das empresas emergentes, uma vez que é através do preço que seus clientes e potenciais consumidores poderão avaliar o valor criado pela organização e adquirir os produtos e/ou serviços de forma contínua, gerando os resultados desejados.

As receitas têm uma relação direta com o preço e o volume de vendas. É evidente que o aumento da produção de unidades ocasiona o efeito escala, influenciando um menor custo total, que pode significar maior penetração no mercado e ganhos pelo aumento das vendas. A redução de despesas se dará pela inovação e pela tecnologia, pela melhoria contínua de processos de produção, pela otimização da cadeia de valor, pelo controle do estoque, pelo controle dos custos e pelo controle da governança corporativa.

Cada organização tem um conjunto de atividades e processos específicos, com a visão de criar valor para o cliente e produzir os resultados desejados. Portanto, uma empresa se resume basicamente, e assim pode ser definida, em "um conjunto de atividades realizadas com os recursos disponíveis".

Portanto, qualquer dessas atividades representa um centro de custos, que deverá produzir benefícios e resultados que, no somatório geral, resultarão em lucros satisfatórios, e a grande estratégia está em inocular a inovação na gestão empresarial.

• CAPÍTULO 12 •

A Organização Inovadora e a Economia Empreendedora

12.1 A ORGANIZAÇÃO INOVADORA

O local onde a inovação tecnológica nasce deve ser também nas organizações empresariais e não somente nas universidades. A grande estratégia de atratividade de negócios está na redução do risco empresarial, em função das incertezas. E o Brasil tem muito poucos instrumentos de redução de risco e de incertezas, principalmente quando comparado com países desenvolvidos e emergentes, que apóiam a pesquisa e o desenvolvimento nas empresas, por meio de mecanismos fiscais e das compras governamentais.

Uma organização inovadora possui características que a distinguem daquelas que "dizem" ser inovadoras, pois sempre estão com foco em alto desempenho empresarial. Geralmente essas características independem do volume de recursos e do porte das organizações.

As características, basicamente, são as seguintes:

a. A vontade de vencer, ter sucesso, superar os concorrentes e não se nivelar a eles.

b. A busca permanente de idéias.

c. O atendimento das necessidades dos clientes.

118   Capítulo Doze

d. A mobilização imediata pela excelência e o aperfeiçoamento dos processos de trabalho são conduzidos na velocidade máxima.

e. Considera a reengenharia de processo de negócios uma estratégia de crescimento, visando servir melhor e mais rápido os clientes.

f. Possui cultura de valorização do cliente, acionistas, colaboradores e fornecedores, não existindo conflitos entre os interesses desses diversos grupos.

g. Considera que a mudança é uma estratégia para a sobrevivência do negócio e está preparada para prosperar em contextos turbulentos e complexos.

h. Conhece a sua capacidade instalada física e humana para produzir diferenciação no mercado competitivo.

Se sua organização possui essas características, você tem boas perspectivas para o futuro. Mas lembre-se de que essas qualidades exigem suportes contínuos e permanentes adaptações. E, mais do que isso, você deve acreditar no poder multiplicador da inovação tecnológica.

Para uma organização que necessite dar um passo forte rumo à competitividade, as inovações devem ser rápidas. Por esse motivo, o redesenho do processo de negócios questiona as bases, considera a tecnologia motor das transformações e conduz a mudanças revolucionárias. Somente os empreendedores vencedores poderão conquistar os caminhos para a excelência empresarial, uma vez que esses caminhos estão cada vez mais difíceis, complexos e trabalhosos. A administração empreendedora é uma precondição para a sobrevivência das organizações no contexto de rápidas transformações do mundo corporativo globalizado, que requer duas diretrizes específicas.

A primeira diretriz é que a organização empreendedora tem que se apropriar da inovação como instrumento de gestão e decisão, pronta para olhar a ameaça como uma oportunidade.

A segunda diretriz da organização empreendedora é estar preparada para ser administrada por indicadores de controle.

Com relação à primeira diretriz, há necessidade de se ter um planejamento para a inovação, uma política sistemática de se abandonar o obsoleto e o improdutivo, problemas e falhas. Para se permitir inovar, a organização deve destinar recursos humanos, financeiros e materiais à inovação. A prática do empreendimento foca a organização no aproveitamento das oportunidades de mercado.

A avaliação do desempenho inovador deve ser inoculada na gestão das organizações empreendedoras com o intuito de realizar o seu próprio controle e com isso redirecionar rumos. O retorno da informação – o *feedback* – é importante para se avaliar se os esforços e os resultados da inovação estão como planejado. Diretrizes e práticas e avaliações possibilitam à administração das organizações empreendedoras reduzir os graus de dificuldades e promover os instrumentos adequados dentro da estrutura.

O maior desafio para a governança corporativa é a composição da alta administração de uma organização empreendedora. Muitas das vezes, são necessárias inúmeras mudanças até se alcançar o grupo de gestores adequados para aquele determinado período do ciclo de vida em que se encontra o empreendimento. Vale aqui a regra: se as pessoas são excelentes, então a organização possui excelência.

O crescimento continuado, muitas vezes, requer uma consultoria externa especializada, que forneça as diretrizes e informações estratégicas de que a alta administração necessita para a tomada de decisão. Mas a continuidade, a perenidade dos resultados, depende das pessoas. Mesmo com tecnologia de ponta, grande número de consumidores e resultados satisfatórios, se a organização não possuir pessoas talentosas, comprometidas e alinhadas com os seus objetivos, o sucesso será passageiro.

A estratégia das organizações empreendedoras se volta para a conquista da liderança em cada mercado que atua e o desenvolvimento de nichos de mercado em que ninguém esteja atuando, com ou sem o uso de tecnologia de ponta. O nicho tecnológico torna os produtos imunes à concorrência por um bom período e são instrumentos geradores de caixa.

Diz-se que uma nação é empreendedora quando a inovação e a prática do espírito empreendedor estão inoculadas na sociedade civil, nas universidades e na administração pública através de procedimentos estáveis e perenes, implicando que os indivíduos terão que assumir responsabilidades de aprendizagem contínua e o autodesenvolvimento.

A gestão empreendedora é baseada em excelência, no desenvolvimento de competências, na capacitação contínua dos profissionais, na qualidade de vida, no compartilhamento e na proteção ao capital intelectual gerado pelos empregados e na geração de resultados sustentados.

Para que uma empresa possa ser inovadora, é necessário que seu ambiente organizacional seja motivador, flexível e favorável, onde os em-

120 Capítulo Doze

pregados possam pensar, aprender e criar, e onde errar não seja algo grave. A empresa inovadora é aquela que tem seu modo próprio de operacionalizar idéias e de criar soluções, por meio de estratégias ousadas, com a inovação como um valor para todos da organização.

A organização empreendedora é aquela que promove o compartilhamento do conhecimento e que alinha objetivos individuais aos objetivos da organização. Esse alinhamento exige uma nova mentalidade da organização e especialmente o uso intensivo da tecnologia da informação e comunicação, para que as pessoas entendam e contribuam com as suas idéias e práticas operacionais, porém com reconhecimento desse esforço dos colaboradores. A organização empreendedora simplifica a interação entre parceiros, isto é, colaboradores, fornecedores e consumidores, o que facilita essa comunicação.

Dentro deste cenário, a normalização proporciona os meios para se estabelecer uma comunicação adequada, permitindo a eliminação de barreiras técnicas.

A normalização é uma função complementar da tecnologia industrial básica – TIB e constitui-se em condição ao processo de certificação de produtos e serviços, condições vitais para aqueles que atuam no mercado externo.

12.2 A ECONOMIA EMPREENDEDORA

Nas três últimas décadas, ocorreu uma profunda alteração nos valores e ambições, fazendo com que as aspirações de um bom emprego público ou a segurança de um bom emprego em grandes corporações se alterassem de forma significativa. Um contingente de jovens e profissionais experientes decidiu enfrentar o trabalho por conta própria, emergindo assim uma economia que não se limita a fronteiras geográficas e que envolve aspectos tecnológicos, culturais, psicológicos e econômicos. E o que fomentou essa nova onda foi, sem dúvida, a tecnologia e a inovação na direção de novos empreendimentos, especialmente os de pequeno e médio portes, uma vez que a inovação, o invento e a tecnologia são os instrumentos dos empreendedores na nova economia – a economia empreendedora.

De um modo geral, o perfil de um profissional dessa nova economia é o de um empregado empreendedor, isto é, aquele que é líder com predicados estratégicos e que comanda uma parte da estrutura da organização, na busca de produtos e serviços inovadores.

A característica mais marcante do gestor de inovação e tecnologia em uma economia empreendedora é a de ser um pensador estratégico, para refletir as realidades da organização e interpretá-las em termos de planos de ação, reestruturação e/ou inovação, promovendo a mudança. Como especificidades, pode-se caracterizar esse gestor como aquele que cria e inova produtos e serviços pela identificação de oportunidades e ameaças, e melhora as estruturas existentes.

Vários estudiosos e pesquisadores procuraram definir os termos *"entrepreneur"* e *"entrepreneurship"*, buscando suas origens no inglês, no francês e no alemão. Inicialmente, traduzia-se *entrepreneur* como empresário; assim conceituaram Peter Drucker e muitos outros autores, definindo que ser empresário não significa necessariamente ser empreendedor. Foi o francês J. B. Say, por volta de 1800, quem primeiro criou o termo empresário como *"unternehmer/entrepreneur"*, referindo-se à função exercida por aquele que combina e reúne os fatores de produção. Trata-se da pessoa que dirige um negócio. Geralmente é distinguido pelo termo "patrão", ou dono. Esse conceito não caracteriza muito bem quem é esse personagem.

Foi o economista Joseph Schumpeter quem primeiramente deu um conceito de relevante significado à figura do empreendedor, definindo-o como aquele que realiza novas combinações (inovações), quer na introdução de um novo produto, de um novo método de produção, na abertura de novo mercado, na conquista de nova fonte de matérias-primas ou pelo estabelecimento de uma nova organização.

O Prof. Peterson Rein (1990), da Universidade de Toronto, classifica o empreendedor como aquele que compreende e responde às mudanças dentro das organizações. O empreendedor sempre está buscando a mudança e a explora como sendo uma oportunidade de negócio.

12.3 CARACTERÍSTICAS DO EMPREENDEDOR

Autores como McGhee, McClelland, Crandall, Gurin, Lao, Beattie, Begley, Boyd e Brockhaus, estudiosos desse tema, consideram três categorizações para definir esse personagem denominado empreendedor:

122 Capítulo Doze

características psicológicas, características pessoais, e efeito das experiências anteriores. Consideremos o detalhamento do perfil.

12.3.1 Características Psicológicas

• Motivação de Realização

São aqueles que estabelecem metas e as alcançam pelos próprios esforços, pela elevada capacidade de aceitar desafios e ser fortemente orientados para o desempenho.

• Teoria do Lócus de Controle

Considera que o empreendedor percebe o sucesso como função do seu esforço.

• Capacidade de Assumir Riscos

As situações de risco envolvem várias alternativas, e o empreendedor sabe escolher uma delas, mesmo em situações de incerteza.

• Valores Pessoais

Os empreendedores possuem elevada necessidade de realização, elevado espírito de liderança, desejo de ser independentes, e são proativos.

12.3.2 Características Pessoais

O empreendedor é aquele que tem uma personalidade criativa, que sabe lidar com o desconhecido, perscrutando o futuro, sempre tentando transformar possibilidade em probabilidade. Sem o empreendedor, é quase correto afirmar que não haveria inovação. A criatividade é a força motriz do empreendedor. A inovação é o instrumento pelo qual os empreendedores administram as mudanças, procurando identificar as oportunidades.

12.3.3 Efeito de Experiências Anteriores

As experiências vividas trazem ao empreendedor mais confiança, diminuindo o risco do novo negócio, devido ao conhecimento acumulado de resolver problemas.

O empreendedor é responsável pelos resultados, pela sua capacidade de agir e interagir e de sua percepção de que é capaz de alterar a realidade. O empreendedor possui elevada capacidade de alterar valores e atitudes das pessoas, além de forte capacidade de se comunicar com as pessoas, muita empatia e controle emocional.

Segundo Peter Drucker (1987), em seu livro *Inovação e espírito empreendedor*, a inovação significa o monitoramento sistemático das fontes de oportunidades, que podem ser assim discriminadas:

- O inesperado → o evento inesperado.
- A incongruência→ a diferença entre a realidade e como ela deveria ser.
- A mudança na estrutura do mercado.
- A mudança demográfica.
- A mudança em percepção, disposição e significado.
- O conhecimento novo.

Uma das razões em não se aceitar o sucesso inesperado é que todo ser humano tem a tendência de aceitar que aquilo que deu certo perdurará para sempre e qualquer coisa contrária ao que estamos habituados geralmente é rejeitada. Portanto, o inesperado é um desafio para o empreendedor. Já o fracasso poucas são as vezes que serve de fonte inspiradora para oportunidades. Sabe-se que é importante analisar os fracassos, pois muitas das vezes eles resultam de erros grosseiros, incompetência, falta de visão ou mesmo ausência de planejamento.

Uma incongruência é um presságio de uma falha, ou de uma mudança, e, por meio de análise das deficiências, pode ser um sintoma de oportunidade, através da inovação. Trata-se, então, de analisar as melhorias do trabalho a ser feito, na tarefa a ser realizada.

As estruturas de mercado são frágeis e susceptíveis a transformações. Percebê-las demanda espírito empreendedor, bem como a redefinição do negócio, pelas oportunidades que as mudanças oferecem, identificáveis pelo empreendedor. As mudanças demográficas são fontes de oportunidades externas às organizações, representando transformações no tecido social, político e econômico, que geram forte impacto sobre o que será adquirido, por quem e em que quantidades.

As oportunidades baseadas em percepção dependem do momento adequado. Por ser uma oportunidade que carrega muita incerteza em se saber se a novidade é passageira ou permanente, a inovação deve ser por melhoria contínua, bem específica. A inovação fundamentada no conhecimento é a determinante no contexto de rápidas transformações e das economias globalizadas. Inovações fundamentadas em idéias desembocam em patentes, depois de serem desenvolvidas. O zíper, a caneta esferográfica, a lingüeta para abrir latas de refrigerantes estão entre as idéias que foram bem sucedidas. Estamos no campo dos inventores, e não dos empreendedores. Entretanto, uma economia empreendedora não pode prescindir de analisar com profundidade as idéias de nossos inventores, pois ali poderão estar grandes oportunidades de negócios.

• CAPÍTULO 13 •

A Dinâmica da Inovação

13.1 O PROCESSO DE INOVAÇÃO

Cada etapa do processo de inovação possui suas motivações. Os institutos de pesquisa e as universidades possuem objetivos similares, como aumento do conhecimento e da capacitação técnica dos seus recursos humanos, aquisição de equipamentos, instalações e obtenção de recursos financeiros. As universidades dedicam-se mais à pesquisa básica, voltam-se para resultados de longo prazo, enquanto os centros de pesquisa voltam-se para a natureza aplicada da ciência, procurando resultados de mais curto prazo. Portanto, tem sido prática que os centros de P&D se alinhem às empresas na geração de inovações.

Quatro aspectos estão aqui apresentados para caracterizar as diferenças entre os ambientes de inovação: a relevância dos fatores sociopolíticos e econômicos; os executores e financiadores das atividades de pesquisa; o sistema de reconhecimento e de avaliação; e os consumidores e a utilização dos resultados gerados.

1. A relevância dos fatores sociopolíticos e econômicos

A pesquisa básica é neutra e atemporal, e objetiva a expansão do conhecimento, o aprimoramento dos pesquisadores e a exploração de novos princípios. Já a pesquisa aplicada e o desenvolvimento experimental dependem do contexto pelo qual estão passando, uma vez que seus objetivos estão relacionados à solução de problemas práticos, geralmente ligados ao setor produtivo.

2. Os executores e financiadores das atividades de pesquisa

Os executores da pesquisa básica são as universidades. Essas atividades em geral, têm o Estado como principal financiador. Já as atividades de pesquisa aplicada, via de regra, estão relacionadas ao setor produtivo.

3. Sistema de reconhecimento e de avaliação dos trabalhos de pesquisa

Enquanto a comunidade de pesquisa básica preza a difusão de seus trabalhos através de publicações, seminários, redes informais de comunicação etc., para que possam ser conhecidos e apreciados pelo grupo, o meio de pesquisa aplicada opta por divulgar apenas resultados que já estejam patenteados, prontos para serem avaliados e testados pelo público consumidor – nesse caso o reconhecimento pode demorar mais.

4. Os consumidores e a utilização dos resultados gerados

O público-alvo da pesquisa básica é a própria comunidade que a produz e que, a partir da divulgação dos resultados, pode utilizar livremente os conhecimentos gerados.

Na área da pesquisa aplicada, o resultado constitui uma mercadoria de alto valor, representando objeto de transações comerciais entre empresas e países.

13.2 O PAPEL DO GOVERNO COMO PROMOTOR DO AMBIENTE DE INOVAÇÕES

Do ponto de vista microeconômico, qualquer decisão empresarial visa estar baseada em informações que levem em consideração projeções para o futuro, jogando com as probabilidades de sucesso e de fracasso. Em projetos que têm por base a inovação, essa incerteza e seus riscos associados se tornam críticos. No nível macroeconômico, pode-se dizer que o sucesso de uma inovação depende do ambiente no qual ela está inserida.

Nesse sentido, a fim de reduzir as incertezas e conseguir maior participação do setor privado na promoção de inovações, o governo pode oferecer mecanismos tais como isenção de impostos, subsídios financeiros, tarifas alfandegárias, política de patentes, entre outros.

Dahlman e Fritschtak (1990) destacam exemplos em que a ação estatal influiu de forma adequada, com resultados de nível internacional, como é o caso do Instituto de Pesquisas Tecnológicas – IPT, em tecnologia de minérios e da Empresa Brasileira de Pesquisa Agropecuária – Embrapa, na área de tecnologia agrícola. Algumas empresas estatais, inclusive em setores estratégicos como energia e petróleo, desenvolveram os seus próprios centros de pesquisas, como é o caso do Centro de Pesquisas da Petrobras (Cenpes) e do Centro de Pesquisas do Sistema Elétrico (Cepel), sob a coordenação da Eletrobras.

13.3 FATORES DETERMINANTES DA COMPETITIVIDADE

Pode-se dizer que a capacidade competitiva de cada empresa pode ser estabelecida apenas dentro do ambiente de competição. A partir dessa perspectiva dinâmica, o desempenho no mercado e a eficiência produtiva da empresa passam a estar diretamente ligados à sua capacitação contínua e à percepção do ambiente econômico em que estão inseridas e envolvidas.

A globalização pode ser entendida como um conjunto de mudanças que vêm atingindo as economias modernas em diversos níveis. São primordialmente transformações nas forças produtivas, nas relações de produção, nos sistemas políticos e nos sistemas ideológicos e socioculturais.

Dentro desse contexto, é preciso ter clareza quanto à forma de inserção do Brasil nessa economia globalizada. A abertura comercial adotada pelo governo brasileiro, a partir da década de 90, vem acarretando mudanças significativas na estrutura da competição e no sistema produtivo brasileiro.

Sobre a perda de competitividade da empresa brasileira, Gonçalves (1994, p. 160) escreve:

> *"A perda de competitividade internacional da economia brasileira reflete-se claramente na sua participação no sistema mundial de comércio... o gap tecnológico entre o Brasil e o resto do mundo aumentou significativamente na década de 1980."*

Para entender esse cenário, é preciso compreender a natureza das transformações que vêm ocorrendo. Sobre isso Santos (1993, p. 23) afirma:

"No nosso entender, a natureza das mudanças que vem ocorrendo na atual fase do desenvolvimento das civilizações e culturas contemporâneas na direção de uma civilização planetária deve-se definir a partir do novo papel e radicalmente distinto que o conhecimento científico ocupa na organização das atividades produtivas."

A ciência deixou de ser um coadjuvante no auxílio da atividade produtiva, passando a exercer um papel dominante para o crescimento econômico e a criação de riqueza. Como conseqüência, observa-se, por exemplo, uma grande expansão nos setores de "pesquisa e desenvolvimento" de empresas, universidades e institutos tecnológicos.

A partir da década de 1970, o crescimento de novos campos e áreas do conhecimento, tais como a biotecnologia, a engenharia genética, a fusão nuclear, a supercondutividade, a tecnologia espacial, a microeletrônica, e a criação de novos materiais e tecnologias de informação passam a estar ligados à aplicação comercial do conhecimento científico e tecnológico, ou seja, à transformação desse conhecimento em produtos, processos e serviços que tenham valor no mercado.

Na medida em que a atividade produtiva passa ter na inovação um elemento fundamental, o processo produtivo começa a exigir o desenvolvimento de novas tecnologias de gestão, planejamento, marketing inovador e capacitação de recursos humanos. Isso porque torna-se urgente que as empresas se reorganizem no sentido de adquirir ganhos de produtividade e competitividade em um ambiente cada vez mais marcado pela interação das economias, abertura dos mercados, inovações tecnológicas e mundialização da produção.

13.4 A DINÂMICA DA INOVAÇÃO

No exame da dinâmica da inovação, foram utilizados estudos do professor William Abernathy, da Harvard Business School, em que Utterback (1996, p. 61-109) descreve a mudança de ritmo da inovação de produtos e de processos, conforme descrito a seguir. O modelo de Abernathy está voltado para o mundo empresarial, para a análise de negócios e oportunidades.

13.4.1 Inovação do Produto

Segundo Utterback (1996, p. 88), os critérios de desempenho que orientam a concorrência vêm se estruturando de forma cada vez mais articulada. Ao mesmo tempo, notam-se a redução da taxa de mudança e o aumento da taxa de inovação, pois, se os aperfeiçoamentos em produtos já existentes se tornam cada vez mais difíceis e os usuários tendem a fixar preferências, para maximizar as vendas as empresas optam, de um lado, pela padronização – de produtos antigos – e de outro, apostam na inovação.

13.4.2 Inovação do Processo

O processo utilizado para a produção de um novo produto, oriundo de uma nova tecnologia, passa por diversas fases. No início, esse processo é dito primário, e as ferramentas utilizadas são as de uso genérico. À medida que a taxa de inovação do produto diminui, a taxa de inovação do processo aumenta. Na fase específica, a ferramenta e a mão-de-obra são especializadas, e a produção geralmente é considerada de massa ou semicontínua (Figura 13.1).

O processo de inovação envolve desde a pesquisa básica até a colocação do novo produto ou serviço no mercado. Os agentes envolvidos nesse processo são: universidades, centros de pesquisa, setor produtivo e governo, cada um com sua motivação e sistemática de financiamento próprias.

A pesquisa aplicada é a interface entre atividades científicas (universidades) e tecnológicas (empresas). Cada país desenvolve e fomenta uma forma própria de atuação. Observa-se que nos países desenvolvidos a empresa promove a busca da inovação para atender às necessidades dos

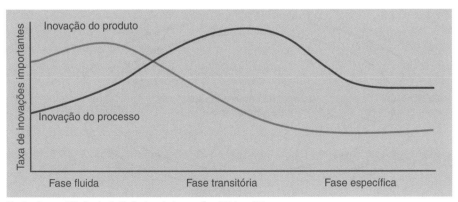

Fonte: James Utterback. **A dinâmica da inovação**. 1994, p. 97.

FIGURA 13.1 A dinâmica da inovação

consumidores, para melhoria da qualidade de seus produtos e redução de seus custos operacionais. É a empresa que procura a universidade ou desenvolve sua tecnologia em seus laboratórios. No exame da dinâmica da inovação, constata-se a diferenciação da pesquisa, entre a básica e a aplicada.

13.4.3 A Inovação de Negócios

Utiliza-se a palavra empreendedor como *entrepreneur*, ou seja, o agente que cria uma nova empresa, através da inovação tanto de um produto como de um serviço ou de um processo. Joseph Schumpeter, em seu livro *Teoria do desenvolvimento econômico* (1911), deu grande destaque à figura do "*entrepreneur*", definindo que o seu papel seria o de realizar novas combinações, seja pelo desenvolvimento de um novo método de produção, um novo bem, um novo mercado, uma nova fonte de matéria-prima ou uma nova técnica de organização empresarial.

O papel do empreendedor parece ser o de transformar o conhecimento em algo útil para a sociedade, por meio do desenvolvimento de produtos e/ou serviços (ver a Figura 13.2).

A ligação do empreendedor com o ambiente de pesquisa de universidades tem propiciado o desenvolvimento de empresas de base tecnológica que se constituem, atualmente, em empresas emergentes, fundamentadas no conhecimento. São as incubadoras de empresas e parques tecnológicos os locais em que se abrigam essas organizações, de um modo geral próximas de uma universidade ou mesmo dentro de seu campus.

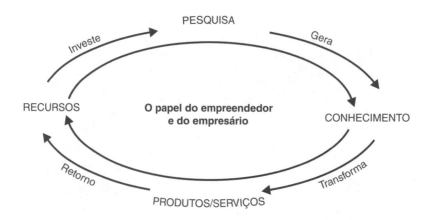

FIGURA 13.2 O papel do empreendedor e do empresário

Ferraz, Kupfer e Haguenauer (1996, p. 40) afirmam: *"o fator crítico para a competitividade nas indústrias é a capacidade empreendedora de seus dirigentes, principalmente o grau de atualização das técnicas de gestão".*

O empreendedor transforma idéias em inovações (produtos). O empreendedor vive no futuro, tem personalidade criativa, sempre lidando melhor com o desconhecido, transformando possibilidades em oportunidades. O empresário é aquele que administra um negócio, que materializa as inovações, transformando-as em realidades de mercado.

13.4.4 A Inovação na Gestão

As tecnologias gerenciais estão relacionadas às técnicas, métodos e formas de gerenciamento que visam à melhoria dos processos da organização. São utilizadas por empresas para aumentar sua competitividade no mercado. Como componentes da tecnologia gerencial, encontram-se o *benchmarking,* a *auto-avaliação* e a *gestão por processos.*

- *Benchmarking*

  Trata-se de um procedimento que permite identificar e avaliar os melhores processos de qualquer empresa, com o intuito de se introduzirem tais elementos no processo de organização. Tem sido uma ferramenta eficiente para a identificação de atributos inovadores.

- **Auto-avaliação**

  É uma prática de medição da evolução das organizações e visa a correção de rumos. Geralmente as organizações utilizam os mesmos critérios de avaliação do prêmio Malcolm Baldrige National Quality (BNOP), nos EUA, e do Prêmio Nacional de Qualidade (PNQ), no Brasil.

- **Gestão por Processos**

  Trata-se de um conjunto de técnicas que visam garantir que processos fundamentais da empresa sejam monitorados e aperfeiçoados, de maneira permanente, na busca de inovação e melhorias.

• CAPÍTULO 14 •

A Gestão da Inovação e da Tecnologia

14.1 INTRODUÇÃO

O principal objetivo de gestão da tecnologia e inovação é propiciar à organização inovadora desempenho financeiro através de produtos, processos, serviços adequados ao mercado e atendimento de elevado nível, com valor agregado superior ao de seus concorrentes.

As informações, o domínio do conhecimento, os recursos humanos e a tecnologia são elementos basilares para que uma gestão empresarial direcione esforços integrados visando alcançar os objetivos empresariais sustentados. É evidente que cabem à alta gerência da empresa a seleção das estratégias e o estabelecimento de um planejamento estratégico direcionando os rumos e objetivos empresariais.

O gestor de inovação e tecnologia possui uma série de responsabilidades e um conjunto de valores, bem como o papel de acompanhamento da evolução e do desenvolvimento do conhecimento aplicado ao negócio e da avaliação dos trabalhos que estão sendo conduzidos.

Toda e qualquer gestão de inovação e tecnologia pressupõe a avaliação das inovações tecnológicas, o desempenho econômico-financeiro e comercial, os resultados e o grau de definição do negócio (transferência de tecnologia ou desenvolvimento de tecnologia).

O gestor de inovação e de tecnologia deve estar atento:

a. Em relação ao controle das informações:
- concentração de conhecimento nas mãos de uma única pessoa;
- risco de afastamento de talentos.

b. Em relação aos documentos:
- normatização e catalogação, classificação e gestão dos documentos;
- definição de uma sistemática de controle e armazenamento dos documentos.

c. Em relação ao uso da tecnologia:
- natureza do contrato de licenciamento;
- propriedade dos subprodutos tecnológicos;
- nível de definição do negócio.

d. Em relação a dados econômico-financeiros:
- receita resultante de produtos inovadores;
- análise comparativa de custos com os dos concorrentes;
- necessidades de recursos;
- uso de incentivos fiscais;
- política tributária aplicável;
- taxa de retorno estimada.

e. Em relação ao desempenho comercial:
- conceito de produto e/ou serviço;
- análise do processo, definição dos canais de distribuição e logística;
- análise da concorrência;
- pós-vendas;
- certificação de pessoas;
- procedimentos e diretrizes;
- benefícios e soluções;
- vantagens em relação a tecnologias concorrentes;
- força da patente;
- abrangência do uso do produto e boas práticas operacionais.

A inovação e a tecnologia possuem dimensões que devem ser tratadas em toda a cadeia produtiva do negócio para que atinja níveis adequados de atuação, minimizando-se ameaças, incrementando-se oportunidades, objetivando-se o atendimento das necessidades e desejos dos clientes.

A gestão da inovação e da tecnologia deve ser contínua e devidamente articulada, tendo a capacidade de transformar idéias e percepções em protótipos e estes, por sua vez, em produtos, serviços ou soluções.

Existem elementos-chave no processo de inovação que compõem um ciclo de aprendizagem, conforme detalhado a seguir:

- Oportunidades de inovação/novas necessidades;
- Recursos (financeiros, humanos, materiais e mercadológicos);
- Difusão;
- Engenharia;
- Produção industrial;
- P&D;
- Conhecimento e aprendizagem;
- Implementação da inovação;
- Uso do produto final.

Dominar a mudança e não ser por ela dominado. Os gestores empresariais sabem da necessidade de prever a mudança tecnológica e conhecer o seu impacto sobre o negócio e sobre as pessoas. Transformações radicais causam profundas alterações na organização e na forma de se trabalhar, impactando a cultura e as relações de poder.

A tecnologia é um componente da competitividade, e, portanto, faz-se necessária a sua inclusão na estratégia empresarial.

O capital exige inovação contínua, impondo esse novo paradigma em todo o mundo, criando uma séria transformação na qualidade do trabalhador. Os sindicatos demonstram a sua preocupação quanto a essas mudanças tecnológicas, pela promoção da requalificação da força de trabalho.

É na gestão da inovação e tecnologia que as organizações estão buscando o aumento de sua competitividade e sustentação no mercado, mediante a redução de custos operacionais, aumento da produtividade, eliminação de acidentes, redução do tempo de paradas para manutenção e maior flexibilidade da produção.

Se a atividade de marketing e vendas identifica uma oportunidade e se a empresa possui uma base técnica forte e competente, o passo a ser dado é a conexão da tecnologia com o mercado, salientando-se:

136 Capítulo Quatorze

a. capital necessário;

b. matérias-primas;

c. plano de negócios;

d. pesquisa e desenvolvimento;

e. engenharia;

f. análise do uso do novo produto;

g. benefícios e soluções;

h. parcerias estratégicas;

i. proteção de patentes;

j. serviços de apoio à comercialização.

A nova ordem econômica mundial privilegia os intangíveis, as idéias, a criatividade, o produto revolucionário, as informações e o relacionamento. A comunicação é o fundamento da economia e da conquista de resultados. O valor está se deslocando da produção para fornecer os serviços que atendam às necessidades dos clientes, criando-se assim um novo modelo de negócios. Não há mais necessidade de se criar a obsolescência programada de seu produto para forçar os clientes a comprar novos produtos. Agora, a abordagem é conhecer o cliente, relacionar-se com ele e atendê-lo naquilo que ele pode comprar e no que ele deseja. A mudança é profunda, pois o valor está no serviço, no atendimento. O foco do negócio passa para os serviços fornecidos pelos seus produtos, e os clientes passam a ser criadores de valor. O sucesso das empresas está em compreender esses sistemas, em que todos – fornecedores, clientes, acionistas, funcionários e a comunidade – fazem parte e compartilham. O mundo das decisões corporativas fechadas está sendo substituído pela transparência, responsabilidade social e confiança.

Cisões, fusões, aquisições, parcerias, alianças e recompra de ações são iniciativas que não criam novas riquezas, porque não geram novos mercados, novos clientes ou novas receitas. E esse tem sido o cenário atual, a realidade das empresas em busca de resultados. O gestor de inovação e tecnologia sempre vai se defrontar com a tomada de decisão da adoção de uma tecnologia. E os fatores que devem ser analisados são:

a. *Know-how*/conhecimento;

b. reputação do detentor da tecnologia;

c. assessoria tecnológica;

d. valor do custo × benefício de aquisição da nova tecnologia;
e. características e especificações dos produtos a serem fabricados;
f. adequação da mão-de-obra;
g. logística das matérias-primas;
h. custo operacional.

14.2 A TECNOLOGIA DA INFORMAÇÃO E COMUNICAÇÃO NA GESTÃO EMPRESARIAL

A tecnologia da informação e comunicação – TIC tem se mostrado um foco de tensão nas organizações, por ser considerada fator estratégico de competitividade, para dar suporte à inteligência empresarial nas ações de gestão do conhecimento. A gestão do conhecimento é o novo campo de confluência entre a estratégia gerencial, o conhecimento e os sistemas de informação e comunicação. A inteligência é o novo tipo de ativo empresarial que define a capacidade das organizações de desenvolver ou adquirir e aplicar o *know-how*. Os ativos intangíveis que agregam valor ao negócio, aos produtos e aos serviços são baseados em conhecimento.

O grande desafio das organizações está em gerar armazenamento, transferência e difusão do conhecimento, em administrar o conhecimento para evitar erros de decisão por falta de conhecimento e em integrar tecnologia e inovação com os negócios da organização.

14.3 A INTERAÇÃO DA TECNOLOGIA COM OS NEGÓCIOS – AS ESTRATÉGIAS TECNOLÓGICAS

Os esforços de inovação e tecnologia de qualquer organização devem estar vinculados aos tipos de negócios em que ela opera, especialmente as linhas de pesquisas, que devem ser muito bem selecionadas. Cada negócio corresponde a uma linha de tecnologia.

Há modelos para a ligação das estratégias empresariais às estratégias tecnológicas. Cada uma dessas estratégias corresponde a uma estratégia tecnológica, que por sua vez significa que a empresa necessitará dominar as tecnologias-chave de cada um de seus negócios, visando à manutenção e sustentação de sua competitividade no mercado.

138   Capítulo Quatorze

14.3.1 As Estratégias Tecnológicas

A partir do reconhecimento de que a tecnologia passou a ser determinante na competitividade empresarial, a governança corporativa, os administradores e os gerentes incorporaram essa dimensão às estratégias de negócios. A estratégia tecnológica é definida como as políticas, diretrizes e decisões que impactam o desenvolvimento tecnológico da empresa e definem a trajetória da empresa através do qual os recursos tecnológicos serão adquiridos e aplicados. O tema estratégia tecnológica foi, então, se tornando cada vez mais importante na medida em que as empresas se conscientizaram do potencial da tecnologia na diferenciação entre produtos como instrumento de competitividade.

A questão da tecnologia passou a ser analisada, considerando-se as seguintes estratégias tecnológicas:

a. tecnologia envolvida no processo produtivo;

b. transferência de tecnologia, valores pagos para uso de tecnologia estrangeira e contratos de assistência técnica;

c. tecnologia fazendo parte do posicionamento estratégico da organização; e

d. introdução da gestão de tecnologia na organização.

As estratégias tecnológicas são estabelecidas em conformidade com as estratégias de negócios da organização, em cada segmento em que ela opera, pela análise de cada produto ou serviço comercializado e o estabelecimento de como a organização planeja ou pretende em termos de desempenho, qualidade e benefícios para o consumidor.

A organização deve então traçar os seus cenários estratégicos para facilitar o processo de análise, a saber:

a. Estratégia por tecnologia – corresponde ao direcionamento para a inovação de produtos e serviços, com forte orientação de mercado.

b. Estratégia conservadora – são estratégias de organizações que imitam ou seguem as organizações líderes; geralmente têm poucos recursos.

c. Estratégia de impacto – são estratégias focadas, com objetivos definidos.

d. Estratégias diversificadas – são aquelas que não têm um foco definido, com diversas ações de desenvolvimento de produtos e processos, geralmente caminham na direção de produtos com baixo conteúdo tecnológico.

Um grande desafio para a organização é a necessidade de introduzir as atividades de desenvolvimento tecnológico nos objetivos organizacionais, em função do uso da tecnologia como vantagem competitiva.

O setor produtivo brasileiro vem aplicando dois modelos de geração de novas tecnologias nestas duas últimas décadas: micro e pequenas organizações empreendedoras de base tecnológica e grandes laboratórios industriais de tecnologia e inovação.

O surgimento de pequenas empresas de base tecnológica ou de organizações de alta tecnologia deu início a um novo paradigma na criação de sucesso e riqueza. Os bem-sucedidos geralmente são os empreendedores de base tecnológica, organizações estruturadas para responder às mudanças praticadas no mercado, altamente especializadas, com foco na exploração de tecnologias e suas aplicações, geralmente oriundas do meio universitário, da atividade de pesquisa.

Os laboratórios industriais ou centros de P&D têm como propósito aplicar conhecimento científico ou de engenharia e expandi-los, com vistas à aplicação comercial. Eles podem ser próprios ou independentes. Como exemplo dessa última tipologia, podem ser citados o INT, o IPT, entre outros.

14.4 A ESTRATÉGIA COMPETITIVA

A finalidade da estratégia organizacional é estabelecer os caminhos – os programas de ação – que devem ser introduzidos, de tal sorte que a organização empreendedora alcance os macroobjetivos traçados pela governança corporativa. A estratégia representa a vantagem competitiva no contexto em que a organização opera.

O empreendedor deve se debruçar na análise das formas de se alcançar desempenho superior ao dos concorrentes:

a. Estratégias genéricas – são aquelas que buscam um posicionamento da organização, considerando três tipos de estratégias: liderança por custos, liderança por diferenciação e liderança por nicho;

140 Capítulo Quatorze

b. Estratégias específicas – são aquelas que visam aproveitar oportunidades, ou defender-se de ameaças, consoante as seguintes ferramentas estratégicas: parcerias e alianças; fusões, aquisições e cisões; integração horizontal e vertical; desintegração e terceirização; crescimento; estabilidade e redução (*downsizing*);

c. Liderança por custos – uma posição de custos baixos pode proporcionar uma situação confortável, de bons retornos e de lucratividade, e ainda pode defender a organização contra concorrentes poderosos, em face da flexibilidade de margens de lucro;

d. Liderança por diferenciação – trata-se de disponibilizar nos produtos ou serviços características superiores às oferecidas pelos concorrentes, de forma que os consumidores percebam como um valor agregado e os adquiram;

e. Liderança por nicho – trata-se de concentrar a atenção da organização em uma parcela do mercado, que se possa atender com preços e logística melhores do que os de qualquer concorrente;

f. Alianças e parcerias – trata-se de efetuar cooperação em determinada área de atuação, entre duas ou mais organizações, com o intuito de melhorar a competitividade, obter redução de custos e melhorar a proteção contra concorrentes;

g. Integração horizontal – ocorre quando duas organizações de um mesmo setor se juntam, formando uma parceria ou efetivando uma aquisição de uma pela outra;

h. Integração vertical – ocorre quando uma organização decide unir-se a outra organização da cadeia de valor, tanto no sentido dos fornecedores quanto no sentido dos clientes, objetivando a redução de custos ou a garantia de fornecimento de matérias-primas;

i. Crescimento – trata-se de adotar procedimentos que visem ao aumento de vendas, por meio da capacidade de produção e da força de trabalho, podendo significar aumento de participação de mercado, novos produtos e novos negócios;

j. Estabilidade – trata-se de manter a posição atual do negócio ou do conjunto de organizações, pela concentração de esforços nas unidades existentes;

k. Redução – trata-se de adequar a organização a um cenário negativo, visando à sobrevivência da organização, podendo-se empreender as seguintes táticas: *turnaround* (recuperação ou mudança de posição), ou liquidação. No caso de *turnaround*, o objetivo é diminuir ativos não-lucrativos e reduzir a força de trabalho e a linha de produtos. No caso da liquidação, a organização faz a venda de uma de suas unidades de negócios, uma de suas lojas, ou mesmo da organização;

l. Terceirização – trata-se de concentrar os esforços e recursos da organização nos seus processos centrais, estabelecendo-se foco e terceirizando-se o que não é essencial;

m. Fusões, aquisições e cisões – são situações nas quais duas organizações ou mais se juntam para formar uma outra (fusão), ou então uma adquire a outra (aquisição), enquanto a cisão é a divisão de um grupo de organizações ou mesmo de uma única organização em diversas organizações. A principal razão que o empreendedor deve ter em mente para efetuar uma fusão é tirar vantagem da sinergia e obter reforço na competitividade. Outra visão das fusões e aquisições são a combinação de ativos entre organizações, que tem repercussão fiscal. Essa estratégia pode trazer como conseqüência resultados interessantes, desde que feita de forma eficaz e planejada. Uma das maneiras de se analisar essa estratégia é observar e analisar as relações e as sinergias entre os negócios, onde existam coincidências com o negócio original, o que pode resultar em vantagem competitiva em relação aos concorrentes, pela elevação da escala de produção e pelo marketing de escopo.

Pode-se dizer que uma organização contemporânea necessita ter uma estratégia para exercer o controle da continuidade e de melhorias contínuas, uma outra estratégia voltada para análise da ruptura, significando alterar rumos e navegar em novos caminhos, estabelecendo-se os fundamentos das inovações radicais e uma abordagem sustentável da responsabilidade social e da qualidade de vida dos atores envolvidos em suas operações.

O principal objetivo da estratégia competitiva é o de desafiar a criatividade, e, portanto, a estratégia de continuidade se cristaliza pelos indicadores de desempenho e nas correções de desvios de rumo, enquanto a inovação radical se caracteriza pela visualização do amanhã, e nas medidas que deverão ser implementadas para que se antecipe esse amanhã – melhor que seja eu e não o concorrente a fazê-la.

No novo ambiente competitivo, os gestores de inovação e tecnologia devem ser criativos e talentosos, uma vez que o contexto macroeconômico se caracteriza por elevado grau de descontinuidade.

A seleção de projetos tecnológicos depende de orçamento disponível e de escolha do melhor portfólio de projetos. Os modelos de seleção de projetos mais utilizados ainda são o de custos × benefícios, que devem ser avaliados por um conjunto de executivos da empresa, e o de retorno sobre o investimento (*payback*).

Uma vez dominadas as tecnologias-chave, segue-se a fase de interação marketing-tecnologia, pela elaboração dos planos de desenvolvimento de produtos, serviços e processos. É no plano de marketing e vendas que se definem os objetivos do lançamento dos novos produtos, estimando-se as vendas esperadas e o número de consumidores a serem abordados.

14.5 COMO SE PROCESSA A GESTÃO DA TECNOLOGIA E DA INOVAÇÃO NA ORGANIZAÇÃO

É notório que as estratégias são definidas pela alta administração ou pela governança corporativa. O repasse da responsabilidade pela inovação e tecnologia para um responsável é a única maneira de se conseguir a harmonia entre a solução de problemas e identificação de oportunidades e a atividade de pesquisa e desenvolvimento.

Nas organizações inovadoras, o esforço para gerar descobertas está centrado em áreas ou centros de P&D, que se articulam com as universidades e os centros de pesquisas.

A gestão da inovação e da tecnologia pressupõe atividades básicas, como as de compra de tecnologias, geração de conhecimento e implantação de novas tecnologias no âmbito da empresa. É claro que a gestão também pressupõe a habilidade de negociador, uma vez que se procura algo intangível. Introduzir algo intangível no portfólio de uma empresa não é nada fácil, e o gestor deve ter muita habilidade com as mudanças organizacionais, assumindo o papel de líder.

A maior dificuldade do gestor é o acompanhamento e a avaliação dos projetos e dos trabalhos que estão sendo executados, exigindo comparação permanente entre resultados e expectativas. Além disso, cabe ao gestor também a aquisição das tecnologias tangíveis: aquisição de máquinas e equipamentos de cunho tecnológico vinculados com as inovações de produtos, serviços e processos.

Cabe ao gestor de inovação e tecnologia a proteção pelo patenteamento das inovações geradas, a proteção da marca do negócio, o controle dos direitos autorais, o controle das atividades de *design*, o controle dos acordos de sigilo e o controle das transferências de tecnologia.

14.6 AS INOVAÇÕES ORGANIZACIONAIS

Algumas inovações organizacionais vêm impactando a gestão empresarial, tais como: o sistema *just-in-time*, o sistema de controle da qualidade total, a reengenharia de processos, as novas formas de organização do trabalho e a formação das células de produção.

A inovação denominada *just-in-time* é uma técnica que trabalha para evitar a ociosidade dos insumos, permitindo economia de capital de giro.

A inovação denominada controle da qualidade total visa cumprir as exigências ambientais de melhor qualidade de produtos e serviços, integração da logística de suprimentos e melhor controle da cadeia produtiva.

A inovação denominada reengenharia dos negócios objetiva potencializar oportunidades e reduzir o tamanho da organização para atender às necessidades dos clientes. A reengenharia de processos depende da interação humana para estabelecer as melhores formas de se organizar a produção.

As inovações voltadas para as novas formas de trabalho têm vinculação direta com a qualificação profissional, as certificações, especialmente para se desenhar melhor controle operacional.

As inovações denominadas células de produção tiveram sua origem na necessidade de aumentar a velocidade de decisões e de impor maior flexibilidade no processo produtivo. A idéia aqui foi a de se agrupar máquinas de acordo com a fabricação de sub-produtos, peças ou conjuntos similares, com o foco na redução de estoque, melhoria do controle de produção, simplificação e especialização do trabalho, e redução da movimentação dos materiais e peças.

144 Capítulo Quatorze

Organizar a empresa para a inovação é o grande desafio do executivo, pois é imperativo construir o processo de inovação no tecido organizacional, onde idéias e funções da inovação prosperem em um ambiente interno de oferta e procura.

Toda empresa possui anti-corpos com o objetivo de eliminar o novo. A estratégia é a de compatibilizar as funções criativas com as funções de agregação de valor aos produtos e serviços da organização.

• CAPÍTULO 15 •

Recursos para a Inovação e a Tecnologia

Os recursos privados investidos em pesquisa e desenvolvimento já são significativos no país, conforme se depreende da análise do relatório Pintec 2003. As informações obtidas do referido relatório dão conta de que grande parte dos recursos das empresas privadas utilizados em desenvolvimento tecnológico é própria e sem financiamento governamental.

É notório que o esforço exportador de um país tem influência direta com a capacidade inovadora das empresas, e, portanto, o desafio brasileiro é aumentar o esforço inovador do setor produtivo. Para que isso aconteça, e de forma rápida, faz-se necessário um conjunto de diretrizes de estímulo ao setor produtivo ao esforço inovador e tecnológico, por meio de incentivos fiscais e não-fiscais.

Quanto aos estímulos não-fiscais, entenda-se a base institucional responsável pela promoção do desenvolvimento tecnológico, que tem no MCT o principal executor, através da Finep e do CNPq, com diversos programas de apoio ao uso da infra-estrutura de C&T para o setor produtivo.

Os programas mobilizadores em P&D acumulam experiências bemsucedidas de apoio ao setor produtivo, assim como a Rede Brasileira de

146 Capítulo Quinze

Tecnologia, que articula as instituições de pesquisas com as empresas privadas e os agentes financeiros.

A participação do Estado no custeio das atividades de P&D do setor produtivo tem resultados bem-sucedidos em empresas estatais brasileiras como a Embrapa, a Eletrobras, a Embraer e em algumas empresas privadas tais como a CVRD, a Embraco e a Itautec. A utilização de participação nos custos e riscos em P&D restringe-se à subvenção econômica (Leis 10.332 e 10.973), e a subvenção está limitada às despesas de custeio, não se permitindo ativos fixos.

O poder de compra do Estado constitui instrumento fortíssimo para o desenvolvimento tecnológico, muito utilizado em países desenvolvidos, mas falta ao Brasil uma legislação que discipline a matéria. A Lei de Inovação, no seu artigo 20, permite a possibilidade de entidades da administração pública contratarem consórcio de empresas ou empresas para a realização de atividades de pesquisa e desenvolvimento que envolvam risco tecnológico para a solução de problemas críticos ou específicos, ou mesmo a obtenção de produto inovador. Nesse momento, o maior programa de uso do poder de compra do Estado é o Promimp – Programa de Mobilização da Indústria Nacional de Petróleo e Gás Natural, que visa a aumentar a participação da indústria nacional de bens e serviços no segmento de petróleo e gás no país.

Outro ponto instigante é que os exportadores brasileiros estão se defrontando com barreiras técnicas em função de exigências e especificações de compras ou de entrada nos países importadores, como uma espécie de proteção disfarçada da indústria doméstica, em contraste com a liberalização do comércio internacional, criando-se obstáculos a certos mercados. Tais práticas envolvem o domínio pelo setor produtivo e o conhecimento da metrologia, da normalização (ISO), da certificação e da acreditação, da regulamentação de mercados e da avaliação de conformidade. Tal esforço necessita de reconhecimento em acordos mútuos, especialmente entre países em que se movimentam grandes volumes financeiros e que adotam tal tipo de exigência técnica restritiva.

A motivação do ato de empreender é a obtenção de lucros, que se tornou, na economia globalizada, um indicador de sustentabilidade e de eficiência empresarial. A inovação passou a ser uma necessidade para se obterem os lucros sustentados, dado o cenário de hipercompetitividade.

Em um conceito amplo, a gestão da inovação e da tecnologia, por meio do desenvolvimento de produtos, serviços, processos e procedimentos, alimenta a perenidade das organizações pelo suporte à formação de resultados sustentados. Os países necessitam que o setor produtivo exporte para fazer divisas.

Por via de conseqüência, cabe ao Estado brasileiro promover incentivos fiscais e não-fiscais para que o setor produtivo, através de uma política industrial inteligente, possa aumentar o conteúdo tecnológico das exportações brasileiras, indispensável para a conquista de novos mercados no mundo globalizado.

Como mostrado pelo relatório Pintec, o número de empresas brasileiras que implementaram novos produtos e/ou processos alcançou um universo de 28.000 organizações. De um modo geral, o relatório conclui que o setor produtivo brasileiro carece de uma mudança cultural profunda e a difusão tecnológica tem que alcançar as pequenas e médias empresas, ainda ausentes, com raras exceções, do esforço inovador, pela ausência de informação tecnológica e de mestres e doutores nesses segmentos empresariais de nossa economia.

Eis a equação da inovatividade:

a. O lucro é fundamental para a sustentabilidade de uma organização.

   Sem inovação e tecnologia a organização não obtém lucros.

b. A inovação é exigida para produtos, serviços, processos e procedimentos.

   A área de marketing das organizações deve estar conectada com os consumidores, ouvindo as suas necessidade e desejos quanto a produtos e serviços, para suprir a área de P&D das exigências e especificidades de mercado.

c. A organização deve ter uma gestão de inovação e de tecnologia competente e conectada com os incentivos fiscais e não-fiscais, para o desenvolvimento tecnológico dos produtos e serviços inovadores exigidos pelo mercado.

Qualquer economia tem que dispor de um conjunto de mecanismos de ações de governo para o fomento do desenvolvimento científico e tecnológico das empresas públicas e privadas, buscando induzir as empresas a seguir uma determinada diretriz. Esses mecanismos podem ser classificados em mecanismos financeiros e mecanismos não-financeiros, também denominados mecanismos técnicos.

Os mecanismos técnicos ou não-financeiros têm impacto direto sobre a administração das empresas, como é o caso da implantação de uma infra-estrutura de P&D, um sistema de metrologia, normalização e qualidade, e outro é o de difusão tecnológica, gestão da propriedade intelectual e promoção comercial no exterior.

Os mecanismos financeiros são representados por incentivos fiscais e financeiros. O mecanismo tradicional é o financiamento reembolsável, que contempla vantagens em termos de encargos financeiros. Outros mecanismos são os empréstimos com participação no risco tecnológico, os fundos de capital de risco, o capital semente (*seed capital*), o uso do poder de compra do Estado, a subvenção econômica, a bolsa de inovação e projetos mobilizadores. Já os incentivos fiscais podem ser isenções fiscais e reduções tributárias, que geralmente são objeto de legislação.

A Lei de Inovação, de número 10.973/2004, em seu artigo 19, estabeleceu o uso de recursos públicos para a subvenção econômica em projetos de pesquisa e desenvolvimento em empresas. Esse artigo da lei foi regulamentado pelo Decreto Nº 5.563/2005.

O mecanismo de subvenção econômica detalhado na Lei 11.196/2005 prevê um apoio de 40 a 60% de bolsa-salário para pesquisadores das empresas. Trata-se de uma forma bem clara de apoio ao desenvolvimento tecnológico do setor produtivo, mecanismo praticado em larga escala nos países desenvolvidos.

■ Nos Estados Brasileiros

Os governos estaduais também estão desenvolvendo determinados mecanismos, que podem ser denominados sistemas estaduais de inovação.

Além do Programa Pappe, uma parceria da Finep com os Fundos de Amparo às Pesquisas dos Estados, há outras iniciativas que merecem ser detalhadas:

- Fapesp – Fundo de Amparo à Pesquisa do Estado de São Paulo
  Essa Fap possui alguns programas de apoio à inovação tecnológica, a saber:
  a. Pipe – Programa de Pesquisa Inovativa na Pequena e Microempresa – destina-se a apoiar o desenvolvimento de pesquisas

inovadoras a serem elaboradas por pequenas empresas localizadas no estado de São Paulo, com o objetivo de utilizar a inovação tecnológica como mecanismo de aumento da competitividade empresarial e aumento do investimento do setor privado em pesquisa tecnológica.

b. Pite – Programa Pesquisa em Parceria para Inovação Tecnológica – destina-se a apoiar financiamentos de projetos de inovação tecnológica no setor produtivo, em parceria com IES – instituições de ensino e instituições de pesquisa localizadas no estado de São Paulo.

- Fapesb – Fundo de Amparo à Pesquisa do Estado da Bahia
  Essa Fap tem sido dinâmica em suas promoções, possuindo alguns programas em conjunto com agências federais, tais como:

  a. Desenvolvimento de Softwares Inovadores – destina-se a apoiar projetos para a criação de softwares para atender a necessidades dos Arranjos Produtivos Locais – APL do estado da Bahia.

  b. Projetos Estratégicos do Estado da Bahia – destinam-se para promover condições favoráveis à inovação em empresas do estado que envolvam: conhecimento da Biota da Bahia, Política de TIC – Tecnologia de Informação e Comunicação, parceria com a Fiocruz e parceria com o Ministério da Integração Nacional em ações de desenvolvimento sustentável.

- Faperj – Fundo de Amparo à Pesquisa do Estado do Rio de Janeiro
  Essa Fap possui um programa de grande relevância, a saber:

  a. Rio Inovação – destina-se a promover a inovação tecnológica no estado do Rio de Janeiro, valorizando o conhecimento desenvolvido e transferindo-o para o setor produtivo. O proponente, pessoa física, em parceria com uma empresa, participa do edital com um projeto que apresente soluções tecnológicas passíveis de inserção no setor produtivo.

- Fapemig – Fundo de Amparo à Pesquisa do Estado de Minas Gerais
  A Fap, fundada em 1985, especializou-se em dois projetos:

  a. Promitec – destina-se a apoiar empresas nascentes com o capital semente, especialmente a pequena e média empresas de base tecnológica.

150 Capítulo Quinze

b. Pappe-MG – destina-se a apoiar empresas na execução de projetos de inovação que apresentem soluções tecnológicas com potencial de absorção pelo mercado, de impacto social relevante, desenvolvidos por pesquisadores vinculados a instituições mineiras.

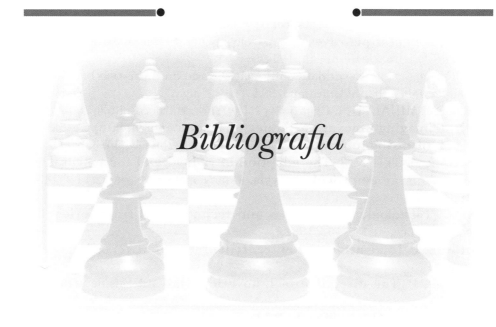

Bibliografia

ABERNATHY, W.; UTTERBACK, J. **A dinâmica da inovação**. Rio de Janeiro: Qualitymark, 1994.

ALVES, F.; BOMTEMPO, J.; COUTINHO, P. Competências para inovar na indústria petroquímica brasileira. *Revista Brasileira de Inovação*, v. 4, n. 2, jul/dez de 2005.

BALDAM, R. **Que ferramentas tecnológicas devo usar?** Rio de Janeiro: Qualitymark, 2005.

BARRINGER, B. R.; ALLEN, C. B. The relationship between corporate entrepreneurship and strategic management. *Strategic Management Journal*, 20: 421-444, 1999.

CAMPOS, R.; CARIO, S.; NICOLAU, J.; VARGAS, G. **Aprendizagem por interação**. In: LASTRES, CASSIOLATO e MACIEL (org.). **Pequena empresa:** cooperação e desenvolvimento local. Rio de Janeiro: Relume-Dumará, 2003.

CANADIAN ACADEMY OF ENGINEERING. Technological entrepreneurship and engineering in Canada. 1996.

CASSIOLATO, J.; LASTRES, H. **Sistemas de inovação**: políticas e perspectivas. Parcerias Estratégicas, n. 8, maio de 2000.

CHESBROUGH, H. **A better way to be innovative**. Harvard Business Review, July: 12-13, 2000.

CHESBROUGH, H. **The era of open innovation**. MIT Sloan Management Review, Spring: 35-41, 2003.

CHESBROUGH, H. **The new rules of R&D**. Harvard Management Update, May: 3-4, 2003.

152   Bibliografia

CHRISTIANSE, J. **Competitive innovation management**: techniques to improve innovation performance. New York: St. Martin's Press, 2000.

CORIAT, B. **Pensar pelo avesso**: o modelo japonês de trabalho e organização. Rio de Janeiro: UFRJ/Revan, 1994.

COUTINHO, L. et al. **Estudo da competitividade da indústria brasileira**. São Paulo: Papirus e Unicamp, 1994.

CSIKSZENTMIHALYI, M. **Creativity**. New York: Harper-Collins, 1996.

DANN, J. **Imaging innovation**. Strategy & Innovation, March-April, 2003.

DELL, M. **Inspiring innovation**. Harvard Business Review, 80:39, 2000.

DEWAR, R.; DUTTON, J. **The adoption of radical and incremental innovations: an empirical analysis**. Management Science, 32:1422-1433, 1986.

DOSI, G. **Techological paradigms and technological trajectories**. Research Policy, 11:147-162, 1982.

DRUCKER, P. **Innovation and entrepreneurship**. New York: Harper and Row, 1985.

DRUCKER, P. **The discipline of innovation**. Harvard Business Review, 80:95-102, 1988.

ELLISM, L.; CURTIS, C. **Speedy R&D**: how beneficial? Research and Technology Management, July-August, 42-51, 1995.

EPPINGER, S. **Innovation at the speed of information**. Harvard Business Review, January:149-158, 2001.

ERBER, F. **Perspectivas da América Latina em ciência e tecnologia**. Parcerias Estratégicas, maio de 2000.

FAPESP – FUNDO DE AMPARO À PESQUISA DO ESTADO DE SÃO PAULO. **Indicadores de ciência, tecnologia e inovação em São Paulo**. 2004.

FERRAZ, J.; KUPFER, D.; HAGUENAUER, L. **Made in Brazil**: desafios competitivos para a indústria. Rio de Janeiro: Campus-Elsevier, 1996.

FERRAZ, R. **Tecnologia industrial básica como fator de competitividade**. Parcerias Estratégicas, n. 8, maio de 2000.

FLEURY, A.; FLEURY, M. T. **Aprendizagem e inovação organizacional**: as experiências de Japão, Coréia e Brasil. São Paulo: Atlas, 1995.

FREEMAN, C.; SOETE, L. **The economics of industrial innovation**. 3rd ed. Cambridge: MIT Press, 1997.

FREEMAN, C. et al. **Chemical process plant**: innovation and the world market. National Institute Economic Review, n. 45, 1968.

GILBERT, C. **The disruption opportunity**. MIT Management Review, Summer: 27-32, 2003.

GONÇALVES, R. **Economia política internacional**: fundamentos teóricos e as relações internacionais do Brasil. Rio de Janeiro: Campus-Elsevier, 2005.

GROSMAN, G.; HELPMAN, E. Endogenous innovation in the theory of growth. *Journal of Economic Perspectives*, 8:23-45, 1994.

HAMEL, G. Competitive for competence and interpartner learning within international strategic alliances. *Strategic Management Journal*, v. 12, p. 83-103, 1991.

HAMEL, Gary. 10 rules of designing a culture that inspires innovation. *Fortune*, April, 30:134-138, 2001.

HAMEL, G.; PRAHALAD, C. K. **Competing for the future**. Boston: Harvard Business School Press, 1994.

HASENCLEVER, L.; FERREIRA, P. **Estrutura de mercado e inovação**. In: KUPFER, D. e HASENCLEVER, L. Economia industrial: fundamentos teóricos e práticas no Brasil. Rio de Janeiro: Campus-Elsevier, 2002.

HASENCLEVER, L.; TIGRE, P. **Estratégias de inovação**. Cap. 18. In: KUPFER, D. e HASENCLEVER, L. **Economia industrial**: fundamentos teóricos e práticas no Brasil. Rio de Janeiro: Campus-Elsevier, 2002.

IBGE. **Pesquisa Industrial de Inovação Tecnológica** (Pintec). Rio de Janeiro, 2004 e 2005.

JARILLO, J. C. **Entrepreneurship and growth**: the strategic use of external resourceus. Journal of Business Venturing, 4:133-147, 1989.

KANTER, R. **The middle manager as innovator**. Harvard Business Review, 60:95-105, 1982.

KELLEY, T.; LITTMAN, J. **The art of innovation**. America's Leading Design Firm. New York: Currence Books, 2001.

LADUKE, P.; ANDREWS, T.; YAMASHITA, K. **Igniting a passion for innovation**. Strategy & Innovation, July-August, 2003.

LASTRES, H.; CASSIOLATO, J.; ARROIO, A. **Conhecimento, sistemas de inovação e desenvolvimento**. Rio de Janeiro: UFRJ, 2005.

LA ROVERE, R. **Paradigmas e trajetórias tecnológicas**. In: PELAEZ, V.; SZMRECSÁNYI, T. **Economia da inovação tecnológica**. São Paulo: Hucitec, 2005.

MACULAN, A.M. **Ambiente empreendedor e aprendizado das pequenas empresas de base tecnológica**. In: LASTRES, C.; MACIEL (org.). **Pequena empresa**: cooperação e desenvolvimento local. Rio de Janeiro: Relume-Dumará, 2003.

MARKIDES, C. **Strategic innovation**. MIT Sloan Management Review, 38:9-23.

MINTZBERG, H.; QUINN, J. **Readings in the strategy process**. Upper Saddle River: Prentice Hall, 1987.

MINTZBERG, H. **The fall and rise of strategic planning**. Harvard Business Review, 14:75-84, 1994.

NELSON, R.; WINTER, S.G. **An evolutionary theory of economic change**. Boston: Harvard University Press, 1982.

NONAKA, I.; TAKEUCHI, H. **Criação de conhecimento na empresa**. Rio de Janeiro: Campus-Elsevier, 1997.

OSLO MANUAL. **A proposed guidelines for collecting and interpreting technological innovation data**. OECD: Statistical Office of the European Communities, 1997.

OXMAN, J.; SMITH, B. D. **The limits of structural change**. MIT Sloan Management Review, Fall 77-82, 2003.

PORTER, M. **Estratégia competitiva**. Rio de Janeiro: Campus-Elsevier, 1985.

_____. **Vantagem competitiva das nações**. Rio de Janeiro: Campus-Elsevier, 1995.

PORTER, M.; STERN, S. **Innovation**: location matters. MIT Sloan Management Review, Summer: 28-36, 2001.

QUINN, J. **Outsourcing innovation**: the new engine of growth. MIT Sloan Management Review, 41:13-28, 2000.

ROBERTS, E. **Innovation driving products, process and market change**. San Francisco: Jossey-Bass, 2002.

SANT'ANA, M.; FERRAZ, J.C.; KERSTERNESKY, I. **Desempenho industrial e tecnológico brasileiro**. Brasília: SCT, UNB, 1990.

SCHRAGE, M. **Getting beyond the innovation fetish**. *Fortune*, November 13:225-232, 2000.

SCHRAGE, M. **How the world's best companies simulate to innovate**. Boston: Harvard Business School Press, 2000.

SCHUMPETER, J. **Teoria do desenvolvimento econômico**. São Paulo: Nova Cultural, 1988.

SCHUMPETER, J. **Capitalism, socialism and democracy**. Georg Allen Publisher, 1943 e 1976.

SOUZA E SILVA, C. **Inovação e cooperação**: o estado-da-arte no Brasil. Revista do BNDES, junho 2000.

TAUILE, J. **Para (re)construir o Brasil contemporâneo**: trabalho, tecnologia e acumulação. Rio de Janeiro: Contraponto, 2001.

THORNHILL, S. A dynamic perspective of internal fit in corporate venturing. *Journal of Business Venturing*, 16:25, 2001.

TIGRE, P. **Gestão da inovação**. Rio de Janeiro: Campus-Elsevier, 2006.

TIGRE, P.; MARQUES, F. A relação entre mudança tecnológica e difusão das tecnologias da informação e comunicação com emprego e qualidade das ocupações. CEPAL/ONU, 2006.

TONY, D.; EPSTEIN, M.; SHELTON, R. **As regras da inovação**. Bookman, 2007.

TORRES, N. **Competitividade empresarial com a tecnologia da informação**. São Paulo: Makron Books, 1995.

UTTERBACK, J. **Mastering the dynamics of innovation**. Boston: Harvard Business School Press, 1996.

VAN DE VEN, A. **Central problems in the management of innovation**. Management Science, 32:590-607, 1986.

VIOTTI, E.; MACEDO, M. (org.). **Indicadores da ciência, tecnologia e inovação no Brasil**. São Paulo: Unicamp, 2003.

Impressão e acabamento
Rua Uhland, 307 - Vila Ema
03283-000 - São Paulo - SP
Tel/Fax: (011) 6104-1176
Email: adm@cromosete.com.br